U0849899

国家出版基金项目
NATIONAL PUBLICATION FOUNDATION

中國海外移民史

陳里特◎編著

山西出版傳媒集團
山西人民出版社

圖書在版編目(CIP)數據

中國海外移民史 / 陳里特編著. —太原： 山西人民出版社，2014.12
(近代名家散佚學術著作叢刊 / 許嘉璐主編)
ISBN 978-7-203-08861-5

Ⅰ. ①中… Ⅱ. ①陳… Ⅲ. ①移民—歷史—中國
Ⅳ. ①D69

中國版本圖書館CIP數據核字(2014)第289754號

中國海外移民史

主　　編　許嘉璐
編　　著　陳里特
責任編輯　秦繼華

出 版 者　山西出版傳媒集團·山西人民出版社
地　　址　太原市建設南路21號
郵　　編　030012
發行營銷　0351-4922220　4955996　4956039
　　　　　0351-4922127(傳真)　4956038(郵購)
E-mail　sxskcb@163.com　發行部
　　　　sxskcb@126.com　總編室
網　　址　www.sxskcb.com

經 銷 者　山西出版傳媒集團·山西人民出版社
承 印 廠　山西出版傳媒集團·山西人民印刷有限責任公司

開　　本　700mm×970mm　1/16
印　　張　8.5
字　　數　99千字
印　　數　1—3000册
版　　次　2014年12月　第1版
印　　次　2014年12月　第1次印刷
書　　號　ISBN 978-7-203-08861-5
定　　價　19.00圓

《近代名家散佚學術著作叢刊》編委會

總主編　許嘉璐

編委會　王紹培　王繼軍　許石林　李明君
汪高鑫　趙　勇　梁歸智　樊　綱
（按姓氏筆畫排序）

總策劃　越衆文化傳播·南兆旭

出版工作委員會

主　任　李廣潔

副主任　姚　軍　石凌虛

委　員　周　威　梁晉華　徐　勝　顏海琴
張文穎　秦繼華　馮靈芝　張　潔

設計總監　李尚斌

設計製作　王秀玲　何萬峰　歐陽樂天

出版説明

近代名家散佚學術著作叢刊選取一九四九年以後未再刊行之近代名家學術著作共一百二十册，編例如次：

一、本叢書遴選之著作在相關學術領域具有一定的代表性，在學術研究方向、方法上獨具特色。

二、爲避免重新排印時出錯，本叢書原本原貌影印出版。影印之底本皆經專家組審定，原書字體大小，排版格式均未做大的改變，原書之序言、附注皆予保留。

三、本叢書分爲八大類，以作者生卒年編次。

四、爲使叢書體例一致，本叢書前言後記均采用繁體字排版。

五、個别頁碼較少的版本，爲方便裝幀和閲讀，進行了合訂。

六、少數學術著作原書内容有個别破損之處，編者以不改變版本内容爲前提，部分進行修補，難以修復之處保留缺損原狀。

七、原版書中個别錯訛之處，皆照原樣影印，未做修改。

八、所選版本之抽印本頁碼標注，起始至所終頁碼均照原樣影印，未重新編排標注新頁碼。

由於叢書規模較大，不足之處，殷切期待方家指正。

總序／

披沙瀝金，以爲鏡鑒

◇許嘉璐

多年來有一個問題始終在我腦中盤桓：爲什麽在十九世紀末到二十世紀初，在短短的幾十年裏，中國的各個學術領域竟涌現了那麽多大師級的人物？這是中國近代史上一個極爲重要的現象，我認爲，如果不能給出令人滿意的答案，我們撰寫的近代學術史將是不完整的，甚至是缺乏靈魂的。後來我知道，著名人類學家克羅伯曾提出過一個問題：爲什麽天才成群地來？看來這種現象的出現並非中國所獨有，思考其所以然的也大有人在。而在那一次世紀之交中國的情况，似乎應驗了「天才成群地來」這個令克氏久久不解的疑問。錢學森先生曾從相反的方向提出了相同的疑問：爲什麽我們這個時代出現不了杰出人才？後來人們稱這個問題爲「錢學森之謎」。

要回答這些疑問不是件容易的事。與其迅速地囫圇地探尋，不如先多了解那些讓中國近代學術（應該包括人文科學和自然科學）史上閃耀着光輝的大師們的作品和自述，從而在腦海里盡量「復原」他們所處的環境和在那種環境下的心理路徑，從中或許可以得到一些啓示。

有一點是顯然的，這就是他們雖然都已遠離塵世而去，但是他們獨立思考的品性、求知治學的真誠、困厄窮愁中對節操的堅守，恐怕是他們共同的主觀因素，一直影響到現在，而且將會永遠留存下去。

就思想界、學術界而言，二十世紀上半葉是一個新説和舊説碰撞，中學和西學融匯的大時代。那時的學人極爲重視言行操守，同時具備現代知識分子的理想信念；他們的學術研究十分純净，絶少功利因素；他們的視界開闊，以包容的心態和嚴謹的風格造就了成果的大氣與厚重。至於在客觀因素一面，他們實際是在用工業化時代的事實解説着太史公所説的名山之作「大抵聖賢發憤之所爲作」，困厄苦難使得他們「皆意有所鬱結」。這種鬱結，幾乎和個人的名利毫無牽涉，他們永遠不能釋懷的，是民族的存亡、國運的興衰、民衆的福禍和文脈的續斷。

那個時代也是近代歷史上最大規模的中西古今學術調適、創新的時期，學術方法上的交互滲透和融合、創新亦可謂「於斯爲盛」。斯時之學人是要在封閉的屋墻上鑿出窗子的勇士，是使人能够看看外部世界的第一批導夫先路者；或者可以説，他們是在「意有所鬱結」時「彷徨」和「吶喊」的「狂人」。

相對於那時的哲人們，後來者是幸運兒。現在的形勢是，近三十年來學界空前繁榮，衆多學科有了長足之進，其中很重要的一點是學界有了更新穎、更廣闊的國際視野，似乎接續上了百年前的學壇盛事。但細想想，「古」與「今」還是有差别的。其異，主要不在於世界情勢、學術進展、工具改善這些客觀存在，而在於在廣泛吸收各國優長的同時，自身文化的主體性越來越受到重視，換言之，「拿來主義」已經延長了「拿來」的程序，加上了試用、甄别、篩選、吸收、融合、成長。就我孤陋所見，在當今地球上，面向所有異質文明，努力汲取我之所缺，其範圍之大和心態之切，似乎無出中國之右者。從這個角度説，我們已經超越了前輩。但是事情還有另外一面，學術，特别是人文學科，其職業化、「沙龍化」和功利性，以及隨之而來的浮躁病却嚴重了。從這個角度説，是不是我們已經後退得够可以的了？而這是不是我們這個時代出不了大師的原因之一呢？

民國學術界的特點之一是極爲注重對傳統的反省、批判與繼承。他們對傳統文化盡最大的努力進行整理和研究。一方面，由於戰亂頻仍，民不聊生，學者們擔起了讓中華文化薪火相傳的歷史責任；另一方面，他們要通過對中國傳統文化的整理、挖掘來重振民族自信心。這一時期對傳統文化進行整理的全面而深入是前所未有的，舉凡文字學、語言學、經濟學、法學、哲學、政治制度、書法繪畫、金石學……規模之宏大，研究之精微，令人嘆爲觀止。

民國學術推動了現代學科體系的建立。在對傳統文化整理和研究的基礎上，吸收西方的文化思想和理念，推動和建立了中國現代學科體系。例如，在對語言文字和音韻學成果進行整理、研究的基礎上開始着手規範之，建立了國語學；深入研究書法、國畫，將其融入了現代美術學科；在廢除舊有學制後逐步建立起小、中、大學較完整的科目和學科體系。

民國學術也改變了傳統學術方式，建立了新的研究範式。以現代科學考古爲發端，科研的實踐和成果使中國知識界真正認識到在實驗、比較基礎上的邏輯分析對學術研究的重要，推進了中國學術的一大演變。至於我們常説的打破士大夫傳統、走出書齋到田野鄉村和市民中進行調查研究、結束了經學時代、以歷史眼光檢視儒學和諸子等等，都是確立新學術範式的努力。這一轉變，也標誌着中國學術界脱胎换骨，全面進入了現代，爲此後的學術發展奠定了堅實的基礎。當然，西方啓蒙運動以來，在「現代性」和「現代化」裏潛伏着的缺陷和謬誤也傳到了中國，這些不能不在前哲的著作裏留下痕迹。這並不奇怪。類似的情況，古往今來孰能免之？猶如今天的我們，誰敢自稱我之所見就是永恒的真理？在這個問題上兩個時代所異者，或許就在昔時大家創立新説或譯註西學著作，往往是懷着對學術和前哲的敬畏而爲之，故而常常誤不在我；當今則往往出於對學問和他人的輕蔑，或以所研究的對象爲謀己的工具，因而難辭主觀之咎吧。翻閲他們的心血之作，這些復雜的狀況可以顯見，可以視之爲我們的一面鏡子。

滄海桑田，世事變幻，歷史的動盪和時代的遮蔽，使當年許多大師的一些極有價值的學術著作被棄於故紙堆中，不能不令人有遺珠之憾。爲此，山西人民出版社不惜以數年之艱辛，披沙瀝金，編輯出版這套近代名家散佚學術著作叢刊，凡一百二十册，計文學、史學、政治與法律、美學與文藝理論、民族風俗、宗教與哲學、經濟、語言文獻共八大類別。所選皆爲作者之純學術著作，無論是其見解、精神，抑或是其時代烙印，都是後輩學人可資借鑒的寶貴財富。他們出版這套叢書，意在讓世人不忘來程，知篳路藍縷之不易，爲民族文化的傳承再增薪木。

出版社的初衷，與我近年來所思所慮近似，故願略述淺見於書端，以與策劃者、編輯者和讀者共勉。

二〇一四年七月六日

改定於自安東回京途中

前言

◇汪高鑫

中國近代的歷史，交織着多重矛盾。有傳統社會所具有的階級矛盾，有因帝國主義入侵而激化的民族矛盾，還有新舊思想觀念的矛盾，等等。正是社會矛盾的激盪，促進了近代社會的運動、嬗變與轉型，帶動了社會各種思潮的不斷涌現，進而引發了各種史學思潮的興起和近代史學的發展。一言以蔽之，近代中國史學與史學思想的發展變化，與近代中國社會的變遷是休戚相關的。

民國時期的社會變遷與轉型，直接促成了民國史學的發展和史學觀念的改變以及史學方法的創新。縱觀民國時期社會變遷與史學的發展，大致可以劃分爲兩個時期，第一個時期從一九一二年民國成立到一九三七年抗戰爆發，第二個時期從一九三七年抗戰爆發到一九四九年新中國成立。

第一個時期，中國社會的變遷大致經歷了從中華民國建立到北洋軍閥統治、從五四運動的爆發到兩次國內革命戰爭兩個階段。與此相對應，民國史學的發展也緊隨時代變化，明顯呈現出時代特徵。

在第一個階段，中國爆發了辛亥革命，結束了兩千多年的帝制統治，建立了資產階級民主共和體制的中華民國，然而資產階級臨時政府的權力很快又落入到袁世凱北洋軍閥手裏，中國政治進入了北洋軍閥黑暗統治時期。以梁啓超爲代表的一些早期提倡新史學的史家，因爲對袁世凱政府抱有幻想，而參加了北洋軍閥政府，由於忙於事務性的工作，早前由他們發動的資產階級新史學工作因此被耽擱了。這一時期新史學流派的歷史研究没有取得什麽實質性的成果。

北洋軍閥政府的獨裁統治與尊孔復古，激起了全社會的反抗，隨着維護資産階級民主共和的護國運動和護法運動的相繼開展，思想文化領域反對尊孔復古的新文化運動也於一九一五年開始廣泛開展起來，「民主」與「科學」便是這一運動所打出的旗幟。與此同時，大概自一九一六年以後，隨着一些留美、日、歐學生先後歸國，帶來了各種資産階級新思想。一時間，各種西方新學説不斷涌入，如英國羅素的社會改良主義、法國柏格森的生命哲學、德國李凱爾特的新康德主義、美國杜威的實用主義、馬克思主義，如此等等，當時中國的思想界可謂非常活躍。這些新學説、新思想的涌入，大大激發了這一時期中國史學家們的史學思想與歷史研究，各種新的史學研究方法得到介紹和提倡，史學出現了新的氣象。

從新文化運動到一九一九年五四運動時期，史學的代表人物主要有胡適、王國維、李大釗等人。胡適一九一七年留美回國後，很快成爲新文化運動的代表人物之一。在治學方法上，他將美國學者杜威的實驗主義運用到史學研究當中，於一九一九年提出了「大膽的假設，小心的求證」的治史方法和「整理國故，再造文明」的口號，發表了中國哲學史大綱這一以實驗主義研究中國歷史的示範之作，由此開啓了近代中國實證主義史學。王國維一九一六年留日歸國後，致力於甲骨文、今文和古器物考釋等的研究，一九一七年寫成的殷卜辭中所見先公先王考、殷周制度論，是考古學與歷史學相結合的開創性的研究成果。胡適與王國維等人的史學研究與方法，開創了近代中國史學研究的新範式。李大釗是近代中國第一個傳播馬克思主義的史學家。他於一九一六年留日歸國後，便積極投身於新文化運動中。當年發表了長文民彝與政治，從學理上論述如何根除帝制獨裁問題；次年發表了自然的倫理觀與孔子，對北洋軍閥政府尊孔復古進行抨擊；一九一九年在新青年上發表了我的馬克思主義觀，開始係統介紹馬克思主義史學理論，由此奠基了中國馬克思主義歷史觀。

第二個階段，爲中國兩次國內革命戰爭時期。第一次國共合作北伐，取得了反對北洋軍閥統治的勝利；第二次國共内戰，其間日本帝國主義不斷擴大侵華，民族危機日益加重。盡管這一時期的中國戰亂不已，國家還面臨着嚴重的民族危機，卻是民國史學大發展時期；而造就這種大發展的原因，既有五四新學術思想的持續爆發的因素，也與二十世紀二三十年代社會變遷密不可分。

二十世紀二三十年代民國史學的大發展，突出表現在新歷史考證學上，這顯然是對五四時期開啓的實證史學的繼續和發展。一九一九年底，胡適發起「整理國故」運動，從歷史學的角度提出「整理國故」的步驟與方法，繼續宣揚他的所謂學術求真。胡適認爲，「整理國故」的目的在於學術求真，並非現實致用，並提出了「整理國故」的四個具體步驟：第一步是條理係統的整理，第二步是尋出每種學術思想發生原因和效果，第三步是要用科學的方法做精確的考證，第四步是綜合前三步的研究還他一個本來面目。應該説胡適的「整理國故」對於歷史研究有着方法論的意義。受胡適疑古實證思想影響的顧頡剛，在史學上的突出成就和影響，是提出「層累地造成的中國古史」的觀點，以及創辦古史辨，推動中國古史的研究。顧頡剛古史辨的具體成就，除去提出「層累地造成的中國古史」的命題，還揭示了三皇五帝古史係統由神話傳説層累造成，打破了民族出於一元和地域向來一統的傳統説法，以及對古書著作時代的大量考訂。顧頡剛的治史宗旨，用他自己的話來説，就是「只當問真不真，不當問用不用」（注一）。傅斯年曾經留學德國，深受西方蘭克「史料即史學」的實證主義影響。一九二八年創辦中央研究院歷史語言研究所，大力宣揚蘭克史學思想。按照傅斯年的説法，「學問之道，全在求是」（注二），一分材料只能説一分話，史學便是史料學。王國維在這一時期的歷史考證涉獵廣博，於漢晉木簡研究有流沙墜簡考釋、墜簡考釋補證和簡牘檢署考，於敦煌寫卷研究有與羅振玉合編的敦煌石室遺書，於甲骨文等古文字研究貢獻尤大。在治史方法與理論上，王國維的

「二重證據法」之「古史新證」理論，對於民國史學的影響極大。陳垣這一時期的治史集中於宗教史和文獻學。於宗教史上，從一九一七年至一九二三年，他先後發表了元也里可温考、開封一賜樂業教考、火祆教入中國考和摩尼教入中國考，合稱「古教四考」；於文獻學上，他對目録學、年代學、史諱學和校勘學等領域多有建樹。陳垣治史以重史源、講類例爲其特點。以上史家雖然治學方法與特點不盡相同，但都以考證見長。

這一時期「新史學」史家的史學研究與方法也取得了一定的成就。梁啓超這一時期的史學研究可謂多産，從一九二〇年至一九二七年，先後發表清代學術概論、先秦政治思想、中國歷史研究法及補編、中國近三百年學術史和古書真僞及其年代等，治史重點在學術史與方法論。與當年發起「新史學」相比，梁氏這一時期的史學研究呈現出廣疏多變的特點。何炳松在「新史學」思潮中可謂獨樹一幟，他於二十世紀二三十年代中國史學界的最大影響，便是對魯濱遜新史學的介紹和評論。何炳松係統闡發了「新史學」的「綜合史觀」，主張歷史研究要反映人類活動的全部，史學研究的方法應該多元化，如統計學的方法、生物學的方法等等，要綜合利用各種學科的成果特別是新學科的進展開展歷史的研究，並表達了對於歷史學的意義、價值和發展前景的看法。

與此同時，這一時期的馬克思主義史家對歷史學的研究繼續做出了貢獻。一九二四年，李大釗出版史學要論，運用唯物史觀對歷史、歷史學、歷史學的係統、史學在科學中的地位、史學與其他相關學科之間的關係、現代史學的研究及於人生態度的影響等史學基本理論問題作了闡述。一九二七年大革命失敗後，一些關注中國前途與命運的學者受到困惑，於是一場關於中國社會性質的大論戰逐漸開展起來。馬克思主義史家積極參與其中，郭沫若便是其中的杰出代表。一九三〇年，郭沫若出版了中國古代社會研究一書，這是民國時期中國第一部運用唯物史觀分析、解剖中國古代社會的著作。該書以物質資料生産方式的發展和變革來解釋中國古代社會歷史發展的全過程，論證中國歷史發展與世界歷史發展的共同性，對中國古史分期提出了自己獨創性的看法。參與社會史大論戰的馬克思主義史學家還有呂振羽、何幹之、翦伯贊、侯外廬、鄧拓等人。但總體來看，與歷史考證學派相比，這一時期的「新史學」派和馬克思主義史學派並不佔據主流。

第二個時期，中國經歷了抗日戰爭和解放戰爭，民國史學在這個時期的表現有兩個顯著特點：其一是緊緊服務於抗戰的需要而出現的抗戰史學；其二是馬克思主義史學得到了迅速發展，逐漸形成自己的革命史學體係。

抗日戰爭的爆發，引起了中國史學界巨大的震撼。面對中華民族出現前所未有的嚴重危機，在第一時期佔據史學主流地位的新考證學派史家，他們過去那種一味重視學術求真，而不講究學術致用的治史價值取向，在這時發生了重大改變，開始以史學積極服務於抗戰。早在九一八事變以後，面對中華民族的危機，顧頡剛、傅斯年、陳垣等考證學派史家就開始拿起自己的史筆，積極投身於抗日救亡的時代大潮中。顧頡剛一九三四年創辦禹貢半月刊，開始高舉愛國主義的民族主義旗幟。之所以要以「禹貢」爲刊名，按照顧頡剛的說法，是「今日談起禹域，都會想起『華夏之不可侮與國土之不可裂』」（注三）。很顯然，禹貢半月刊的宗旨，便是要通過對於邊疆歷史地理的研究，激發全民族抵抗日本帝國主義侵略的熱情與決心，以達到維護祖國領土完整的目的。傅斯年在九一八事變後，出版了東北史綱，以大量史實論證東北自古以來就是中國的固有領土，對日本帝國主義御用歷史學家的種種歪曲史實的謬論予以駁斥。全面抗戰爆發後，傅斯年又寫了中國民族革命史一書，雖然是未完稿，卻已經表達了他的民族思想。該書以歷史爲依據，充分論證了中華民族的同一性、整體性和不可分割性，因此，在面對日本帝國主義侵略中國的嚴重危機的緊要關頭，中華民族應該團結起來共同禦侮，要發揚中華民族百折不撓的精神，樹立起中華民族抗戰的必勝信心。陳垣在新中國成立後給友人的書信中講到了九一八事變後他的治史取向的轉變：「九一八以前，爲同學講嘉定錢氏之學；九一八以後，世變日亟，乃改顧氏日知録，注意事功，以爲經世之學在是矣。」（注四）抗戰爆發後，陳垣當時身陷淪陷區，卻堅持以史學爲抗戰服務，其中最具代表性的史著便是「宗教三書」和通鑑胡注表微。所謂「宗教三書」，是指明季滇黔佛教考、清初僧諍記和南宋初河北新道教考，雖然講的是宗教，卻表現了愛國的民族情操。明季滇黔佛教考是表彰明末遺民的愛國精神與民族氣節；清初僧諍記是通過宗教史的研究，來揭露變節者、抨擊賣國求榮的漢奸；南宋初河北新道教考也是用以表彰抗節不仕之遺民。通鑑胡注表微是陳垣最具代表性的史學著作，也是一部關注現實的史著，書中表現出了陳垣對歷史前途和民族命運的思考。錢穆在抗戰時期的史學研究，愛國的民族主義色彩也非常濃厚。一九三七年，錢穆寫成了與梁啓超同名史著中國近三百年學術史。該書以思想文化爲基礎和綫索，以學術傳承爲核心，通過史實證明中國傳統文化的優越性，旨在提醒國人要重視挖掘中國傳統文化的長處和價值，持守中國傳統文化的精神，保持一種民族的自信心。毫無疑問，這種民族自信對於全民族團結抗戰是非常必要的。一九四〇年，錢穆多年國史教學講義國史大綱出版。該書以「國史」作稱謂，反映了作者作史的民族國家本位意識。錢穆明確指出：「治國史之第一任務，在能於國家民族之内部自身，求得其獨立精神之所在。」（注五）該書的具體内容也充分體現了這一精神，它將文化、民族與歷史三者結合起來對中國歷史加以考察，認爲這種歷史發展過程即是民族文化精神的演進過程，歷史研究的目的不僅在於弄清楚歷史的真實，更重要在於弄清楚歷史背後藴藏的民族文化精神，從而積極地去傳承這種民族文化精神。

當然，新考證學派史家開始轉向經世致用，只是治史的價值取向發生了變化，並不等於放棄了一貫的注重考證的治史方法。相反，在民國後期，這種治史方法還得到了發展，并且取得了很多重要成果，陳寅恪的詩文箋證和「民族文化之史」的論述便是典型代表。陳寅恪屬於考證學派代表人物之一，這一時期出版的隋唐制度淵源略論稿和唐代政治史述論稿是其考證隋唐史的力作。陳寅恪對於史料的運用有自己獨到的見解，認爲史家之於史料應該善於審定，辯證地看待真僞；同時要善於利用史料，詩詞、小説，以及裨史、筆記等，都可以用做歷史研究的材料，這顯然是一種「通識」的史料觀。陳寅恪詩文箋證的治史方法，即是在這種史料觀的指導下産生的，具體做法是以歷史記載去箋證詩文，同時詩文又可用以證史、探討史事，從而開闢出了一條新的證史路徑。一九五〇年出版的元白詩箋證稿，以及晚年寫成的巨作柳如是别傳，便是運用這種方法的代表作。陳寅恪關於「民族文化之史」的論述，其基本内涵包括政治制度、社會習俗、學術思想、文學藝術。陳寅恪的歷史觀念，是要以民族文化爲根基，同時吸收外來學説，由此構建起本民族思想文化體係；而不談經濟基礎的作用，則是其歷史觀念的局限性。

這一時期的中國馬克思主義史學家，不但積極投身於抗戰史學當中，爲全民抗戰進行歷史研究，而且把歷史研究與當時的革命鬥争相結合，逐漸形成了馬克思主義的革命史學。縱觀這一時期中國馬克思主義史學研究，主要在以下三個方面取得了顯著成就：其一是社會史研究，代表史家有吕振羽、鄧初民、侯外廬等人。吕振羽於一九四二年出版了中國社會史諸問題，該書是對二十世紀二三十年代中國社會史問題論戰的一個較爲係統的總結，正如作者在新版序言中所説，該書「反映了中國新史學在歷史科學戰綫上的鬥争過程中的若干情況，也反映了有關各派對中國史問題的基本立場、觀點、方法及其在一定時期的發展過程，可作爲中國馬克思主義史學史的參考資料」。鄧初民於一九四〇年和一九四二年分别撰寫出版了社會史簡明教程和中國社會史教程，兩書運用馬克思主義唯物史觀，分别論述了人類社會歷史的發展過程及其規律和中國社會歷史的發展過程及其規律。在中國社會史教程一書中，鄧初民指出了中國社會發展的前途是光明燦爛的，我們應該要「努最後必死之力，加以争取」。侯外廬於一九四七年出版了中國古代社會一書，内容涉及生產方式、政治結構、階級關係、國家和法以及道德起源等問題，見解頗爲深刻。總體來説，這些社會史著作可以被看作是二十世紀二三十年代社會史大論戰的總結、延續和深入。

其二是通史研究。這方面的成就尤爲突出，吕振羽的簡明中國通史、范文瀾的中國通史簡編和翦伯贊的中國史綱都是這一時期的通史名作。吕振羽於一九四一年出版簡明中國通史上册，如同其出版序言所説，該書「與從來的中國通史著作頗不同」，這種「頗不同」主要表現在它「把中國歷史作爲一個發展過程在把握」，「還盡可能照顧到中國各民族的歷史及其相互關係」。一九四八年出版下册，在跋語中作者申明該書的基本精神是「把人民歷史的面貌復現出來」。范文瀾於一九四二年出版了中國通史簡編，該書的基本精神旨在將歷史研究與中華民族的前途相結合，如同作者在上册序言中所説的，「我們要瞭解整個人類社會的前途，我們必須瞭解人類社會過去的歷史；我們要瞭解中華民族的前途，我們必須瞭解中華民族過去的歷史」。這也正是中國通史簡編撰寫的初衷。本着這樣一個目的，該書的編寫運用馬克思主義觀點，肯定勞動人民的歷史作用，重視探尋社會發展的規律，注意分析階級鬥争的本質，積極反映生產鬥争的面貌。翦伯贊於一九四三年和一九四六年分别出版了中國史綱第一、二册，該書運用馬克思主義觀點，剖析了商周社會性質以及戰國秦漢社會性質的轉變，注意將中國歷史置於世界歷史的大背景下進行考察，在研究方法上重視以考古材料與文獻資料相結合。

其三是思想史研究，代表史家有吕振羽、何幹之、侯外廬等人。吕振羽於一九三七年出版了中國政治思想史，這是我國第一部運用馬克思主義理論論述中國政治思想的著作。撰述的初衷，是針對陶希聖的同名著述，可以被視爲社會史論戰的延伸。作者解釋所謂的政治思想史，「本質上係同於社會思想史」。全書按社會性質及其發展階段，對上自商朝下至鴉片戰爭前的中國政治思想史作了係統論述。何幹之於一九三七年出版了近代中國啓蒙運動史，該書重視將思想運動和社會的經濟結構、政治形態聯係在一起來進行研究，肯定評價各種思想文化必須運用「歷史的眼光」，把思想文化放在特定的歷史環境中進行考察、分析和評價。侯外廬關於思想史的研究建樹最多，他於一九四四年出版了中國古代思想學説史，具體探討了歷史演進與思想發展、新舊範疇與思想變革、思想發展過程與時代個別學説、學派同化與學派批判、學説理想與思想術語、現實與遠景等等的關係，見解深刻；一九四五年出版了中國近世思想學説史，這是一部論述十七世紀至二十世紀中國思想學説發展史的著作，以十七世紀爲啓蒙思想期、十八世紀爲漢學運動期、十九世紀以後爲西學東漸期做劃分；一九四七年主持編寫出版了中國思想通史第一卷，該書編寫的主旨思想，作者在出版序中説，是「特在於闡明社會進化與思想變革的相应推移，人类新生與意識潛移的聯係」。

如果説五四運動以來至抗戰以前的中國馬克思主義史學的傳播主要還只是李大釗、郭沫若等少數人的努力的話，那麽隨着抗日戰爭爆發，這樣的局面得到了很大的改觀，馬克思主義史學在此後得到了迅速發展。隨着馬克思主義史學家們在史學研究各個領域的全面開展，并且取得了許多重要的研究成果，一種新的「革命史學」體係便逐漸建立起來了。這種「革命史學」爲抗日戰爭和全國解放戰爭的勝利做出了重要貢獻，成爲中國共産黨領導的中國革命事業的重要組成部分。

縱觀民國時期史學的發展，明顯呈現出以下特點：首先是階段性。民國史學如同民國社會一樣，處在不斷的嬗變當中，故而呈現出明顯的階段性特點。這種階段性，大致可以分爲民國建立前後從傳統史學向新史學的轉變，五四時期及此後新史學向考證史學（廣義而言考證史學也屬於新史學）的轉變，抗戰時期考證史學向經世史學的轉變，從抗戰到解放戰爭時期，馬克思主義革命史學迅速發展。

其次是經世性。民國史學的嬗變，呈現出階段性特點，又是與史學發揮其經世功能緊密相連的。五四新考證學派史學雖然標榜自己的學問「只當問真不真，不當問用不用」，其實他們的考證史學是與五四新文化運動提倡的科學精神分不開的。新考證史學雖然有傳承乾嘉治史方法的因素，更有學習西方，希望建立科學的史學的願望所在。正如顧頡剛所説的，「五四運動以後，西洋的科學的治史方法，才真正傳入，於是中國才有科學的史學可言」（注六）。這種科學的史學，與當時建立科學、民主的中國的社會訴求是相一致的，其實也是具有經世的内蘊於其中的。抗戰時期，包括實證主義和馬克思主義等在内的史家都積極投身於宣傳民族文化當中，則是與當時的救亡圖存聯係在一起的，這種史學經世直面社會問題、直面民族危機，其方式當然更加直截了當。毫無疑問，民國史學在其不同階段，整體上都没有脱離經世的主旨，這也是中國史學的優良傳統。

再次是流派多。這一時期的史學流派可謂异彩紛呈，有新史學派、國粹派、新考證學派、馬克思主義學派等等。每一學派下面又可具體劃分出具有不同特點的派别，如新考證學派雖然都以考證見長，但他們的學術風格還是不盡相同的，據此又可細劃出以胡適爲代表的實證派、顧頡剛爲代表的古史辨派、傅斯年爲代表的史料學派、王國維爲代表的考古派等等。一些學者根據各自不同的標準，對民國史學流派作了不同的劃分，如有信古派、疑古派與釋古派之分，有傳統派、革新派與科學派之分，有考據學派、唯物史觀派和理學派之分，有掌故派、社會學派之分，如此等等，不一而足。

總體來看，民國史學影響最大者，莫過於新考證學派和馬克思主義學派，抗戰以前以新考證學派最盛，抗戰以後馬克思主義學派得到迅速發展。這些史學流派的史學理論與方法，迄今依然成爲我們歷史研究的重要範式。

近代名家散佚學術著作叢刊選取了一九四九年以後未再出版的十六部民國時期的史學著作進行重刊，它們分別是朱謙之的扶桑國考證、魏應麒的中國史學史、衛聚賢的中國考古小史、陳伯瀛的中國田制叢考、謝國楨的清初流人開發東北史、張鵬一的唐代日人來往長安考、鍾歆的揚子江水利考、梁盛志的漢學東漸叢考、顧頡剛、楊尚奎的三皇考、陶棟的歷代建元考、陳述的契丹史論證稿、陳寶泉的中國近代學制變遷史、陳里特的中國海外移民史、鄭鶴聲的史漢研究、章中如的清代考試制度資料和郭伯恭的永樂大典考。之所以重刊這批史學著作，是看到了它們在今天依然有其學術價值所在。作爲一份豐厚的史學遺産，值得我們去加以發掘和繼承。

從所選十六部史學作品來看，明顯打上了民國史學的時代烙印，體現了民國史學的時代特徵。首先，研究內容涉獵廣博。涉獵廣博，是民國史學的基本特點，反映了民國史家學術視野的開闊。選擇重刊的雖然只有十六部史著，涵蓋面卻非常廣博，有史學史方面的，如中國史學史、史漢研究；有學術史方面的，如漢學東漸叢考、永樂大典考；有教育史方面的，如中國近代學制變遷史、清代考試制度資料；有經濟史方面的，如中國田制叢考、揚子江水利考、清初流人開發東北史；有考古史方面的，如中國考古小史；有民族史方面的，如契丹史論證稿；有中外交往史方面的，如扶桑國考證、唐代日人來往長安考、中國海外移民史；還有名號、年號史方面的，如三皇考、歷代建元考等。這樣的全方位的歷史研究，是民國史學的一個縮影。

其次，治學方法重視考證。重視考證，是民國史學的顯著特點。在十六部史著中，除去魏應麒的中國史學史、衛聚賢的中國考古小史、陳寶泉的中國近代學制變遷史、陳里特的中國海外移民史、鄭鶴聲的史漢研究和章中如的清代考試制度資料等六部外，其他十部都是考史著作。涉及的考證領域很廣，有國名、田制、開發、交通、水利、學術、名號和學制等等。在具體考證上，重視方法的運用。如朱謙之的扶桑國考證，按照作者自己在自序中所説，該書是「從文獻學、民俗學、考古學三方面的史料搜集和批評的結果」，這裏既是講史料搜集問題，也是講歷史考證方法。又如陳伯瀛的中國田制叢考，作者也在自序中交代了其作史、考史方法：首在網羅放失，整輯舊聞；次在探究原本；三則覆核名實；四則辨正事蹟；五則鑒古度今。可見該書對廣占資料、辨證核實的重視。

再次，治學宗旨强調致用。經世致用，是民國史學的重要特點，抗戰以後的史學表現尤其突出。所選十六部史著，也體現了重視經世致用的特點。如陳伯瀛之所以要撰述中國田制叢考，按照作者的解説，是因爲田制與農人、社會和國家休戚相關。該書「敍引」就説，田制影響農人生計，農人生計又會影響到社會秩序與和平。又如鍾歆的揚子江水利考，作者在該書「敍言」中論述了撰述該書的原因：一方面民國以前揚子江鮮有水患，所以過去這方面的論著很少；另一方面民國以來的數十年間，揚子江水患頻發，國家需要計劃治理，而治理水灾，就必須要先瞭解水文歷史。很顯然，該書是爲了治理揚子江水患的需要而撰寫的，經世意圖非常明顯。再如陳寶泉作中國近代學制變遷史，其實是蕴含了作者教育救國的思想於其中的。在該書自序中，作者明確指出學制與人才問題關係到國家興亡的根本。他有感於當時各國教育制度的日新月異，而中國卻没有關於教育制度的專書作比較，致使切合國情的新的教育一時無由發現。他撰寫該書的目的，便是希望通過總結近代中國學制的變遷，找尋出一種更加適合當時中國需要的新的學制。

最後，歷史見解精辟獨到。如朱謙之扶桑國考證考證扶桑國爲何處，這是對當時世界史學界討論的一個熱點問題的積極回應。自從一七六一年法國人歧尼（De Guignes）發表中國人之美洲海岸航行及住居亞洲遠東之幾個民族的研究，提出扶桑爲美洲墨西哥説以來，引起了世界史學界的長期大討論，基本觀點無非有肯定與否定兩種，否定中又有扶桑國爲日本和樺太的不同説法。朱謙之依據文獻、民俗和考古資料，比較了世界史學界諸説的異同和存在的問題，得出了扶桑即美洲墨西哥的結論，不但駁斥了扶桑非美洲説的觀點，而且對美洲説也作了補充論證，更有説服力。又如魏應麒的中國史學史的問世，按照作者的説法，是「前無作者」的史著，卻表現得非常成熟。該書對中國史學的特質與價值、史籍的位置與類别、史館建置與職守、史學發展之情形、史書體裁之發展、史學理論與方法之運用等等，都提出了自己的見解，即使在今天，也不失爲有創見的反映中國史學史的著作。又如顧頡剛、楊尚奎的三皇考，這是民國考證派史學的代表作之一。在該書中，作者對「皇」、「三皇」、「太一」等相關概念作了係統闡釋，對三皇説與太一説的消長及其相互關係進行了論述，對與三皇相關的伏羲、盤古、女媧等古聖王的地位變化作了考察，對三皇、太一在道教中的地位作了説明，對歷史上關於三皇的信仰與祭祀情况作了梳理，并且旁及河圖洛書、三墳五典等等内容。這樣一個係統的考察，旨在論證「三皇」傳説只是托古改制的産物，認爲民族自信力應該建立在理性上，而不是虚假的三皇上。書中闡發的觀點，在當時史學界有很大的影響。應該説所選十六部史著，都是作者的心得之作，這裏不一一贅言。

挖掘、清理和總結民國史學，對於我們全面認識和係統借鑒民國史學，推動新時期中國史學與史學思想的發展是很有裨益的。借此對主持重刊工作的山西人民出版社表達一個史學工作者的由衷敬意！

二〇一四年五月於北京師大京師園

注一　當代中國史學，遼寧教育出版社一九九八年版，第一百五十三頁

注二　史料論略及其他，遼寧教育出版社一九九七年版，第二百頁

注三　禹貢四卷十期，禹貢學會募集基金啓事

注四　陳智超陳垣來往書信集，上海古籍出版社一九九〇年版，第二百一十六頁

注五　國史大綱，商務印書館一九九四年版，第十一頁

注六　當代中國史學，遼寧教育出版社一九九八年版，第二頁

作者簡介

陳里特，生平不詳。

自序

歐洲各國國際移民史，始於亨利王子外洋之探險。中國海外移民史，始於唐代。歐人遠行東方，據多利買（Ptolemy）之說約在紀元前六七世紀以前，希臘商人之抵絲都（Sera Metropotis）。華人足履國外，據論衡所載遠在成周之初，以時間之先後言，中國海外移民之發端，遠在歐洲移民以前。若以歐洲移民對於人類政治、經濟、文化等影響而論，則爲中國移民所望塵莫及。

移民原爲壓力推力引力諸因素所構成。當亨利王子致力於外洋探險事業之日，歐洲近代科學發明，正在醞釀發酵，艱苦奮鬭之時。哥白尼、伽利略、刻卜勒等近代科學家之鼻祖，均能以求眞知之大無畏精神，不避艱險，排除萬難，開發近代科學之曙光。十七世紀後半期及十八世紀繼起之科學家，宛若雨後春筍，如法國之巴斯卡爾、德留卡爾、德馬里奧脫、喬夫洛、拉佛西埃，德國之蓋里克、來柏尼茲、斯塔爾，丹麥之羅麥，荷蘭之胡依根斯，瑞典之舍雷，英國之斯納爾、波義律、牛頓、普里斯特里、布拉克、卡文留世等科學家之輩出，奠定近代科學之基礎。至十九世紀，科學家之傑出者更衆，因此科學應用時代之近代工業基礎，得以肇建。如英國之伏爾脫、瓦特、達爾東、台維、法勒第，法國之古隆、拉柏拉斯、安拜爾、蓋呂薩克，德國之奧姆，均爲近代科學上知名之士。歐洲自十五世紀末葉至今，數百年來，傑出科學家如此之衆，故能以科學力量，創造物質文明，擴大歐洲社會壓力推力引力諸因素，形成近數百年來劃時代移民事業之發達。同時移民又將近代科學所開之花，傳播於世界各地，促進歐洲近代科學與世界各地文化合流。

中國海外移民肇始之日，正爲佛教傳入鼎盛之時。中國古代對於自然科學，原有極重要之貢獻。如指南針、紙印刷術、火藥之發明，均在歐洲近代科學基礎創始以前。惟秦漢以後，歷代君主多行黃老之術，籠絡士大夫階級，軟化民衆，銷磨其創造與實驗之精神。如古諺所謂：『萬般皆下品，惟有讀書高。』『勞心者治人，勞力者治於人。』如唐太宗開科取士曰：『天下英雄，盡入吾彀中！』使天下才智之士，盡其畢生精力於詞章之學，而斥物質文明爲奇技淫巧，卑不足道。宋代雖有朱子提倡『致知在格物』之說，但亦僅應用於精神上而已。在物質上，仍鮮有以『致知在格物』去實踐。因此對於中國固有之發明，未能繼先賢以發展。對於歐洲近代科學之傳入中國，亦多予以排斥或忽視。明末，歐洲教士利瑪竇、湯若望等，以其較有系統之科學知識，結交於中國士大夫階級，終以繼起無人，忽略實驗研究，竟未能產生近代科學。牛頓治學時代，正爲中國康熙年間，中國政府當時雖曾利用歐洲天主教士以新方法測定若干地區之經緯度，奠定中國新式地圖之始基，但中國學者終無大規模之研究與實驗。雖在康熙年間，歐洲近代科學之光芒已照耀中土，至乾隆時代，則告失傳。中國既在科學上落後，中國海外移民雖具有深長歷史，而中國始終停滯爲一農業國家，無工業資本社會之壓力引力推力諸因素，領導移民。因此中國移民惟有依賴『忍苦耐勞』之特性，與夫『安分守己，愛人不爭』之民族傳統精神，在以天災人禍爲壓力，數千年前交通工具之帆船爲推力，以及單純爲生活之世界各地曠土爲移民引力之下，移至國外。在此種非科學移民狀況之下，其移民人數雖衆，而其影響人類政治經濟文化之力量，不及歐洲移民之大，當在情理中，無可非議，此其一。

歐洲各國國際移民事業之開展，除依賴科學力量爲原動力之外，對於本國實情與需要，及世界各地之政治經濟、文化、教育、軍事、交通、財政、金融、典章、制度、民情、生活、語言、宗教、風俗、習慣、無不調查研究，計劃周詳，確定政策。而對政策之實施，又無不以其國家之全力予以貫澈。如英國之對加拿大移民，鑒於以往西班牙對中南美：『產金蛋之母鵝殺盡』政策無利於移民之前途，乃改行硬軟兼施，武力與懷柔並用之政策。又鑒於以往移犯政策之非計，乃採用獎勵忍苦耐勞之農民外移政策。因感以往單一男性移民，難期奠定移民鞏固之基礎，乃鼓勵男女性並移政策。總之，其對移民在未實施以前，聚精會神，審度國勢，適應世界潮流，因人因事因時因地制宜，確定政策。在實施以後，無論在政治上，經濟上，交通上，軍事上，教育上，以全國力量追求政策之貫澈。中國移民則非是。在上國自尊時期，雖在主動移民極有利環境之下，政府不獨不予移民以協助，且對人民盲目移往國外，橫加取締。在崇拜外人時期，政府對人民之移出，迫於外力，亦無法過問。中國移民在此種情況之下，自顧不暇，其對人類世界政治、經濟、文化之貢獻，實難作有組織有計劃之行動，此其二。

回顧世界各國移民史發展之過程中，亦有若干歷史上之重大錯誤。在移出國家方面：如西班牙之『產金蛋之母鵝殺盡』；十八世紀時代，歐洲各國之黑奴販運，英國在澳洲移民之將土人驅入深山，捕囚之海島，滅其種族。移入國家方面：對種族畛域，膚色歧視，以及排斥限制，均為其移民歷史錯誤中之犖犖大者。中國移民在歷史上亦有其為歐洲移民所不能及之勞績，如担任南洋、美洲開發之先導，巴拿馬運河之竟功，統為有口皆碑者。

世界各國普遍之移民，為今日時代潮流之需要。今日為『國際航空時代』，為『科學進步時代』。深望世界各國政府與人民，百尺竿頭，更進一步，本以往為科學發明奮鬬，不避艱苦之大無畏精神，繼續發揚科學之偉力，促動移民事業之更大發展，以移民力量促進人類間一切文物之交流。尤望中國政府與人民效法歐美科學家之實驗精神，迎頭趕上，以科學力量，促動現代化移民事業之發展，使與世界各國之移民，步伐同趨，將中國數千年之固有文化，以移民爲媒介，傳佈至世界各地，與世界各地之文化握手，創造人類大同康樂之新文化。

此次戰後，爲歷史檢討與糾正之良好機會，深望各國政治家、科學家、思想家，察往知來，取長去短，在此次世界大戰結束之和議席上，各以精誠無間之眞情，悲天憫人之善意，共同討論有益人羣福利，鞏固國際和平，加強民族融和，促進世界大同之國際移民政策。不佞斯篇之撰，非敢云求教於海內外賢達之士，區區微忱，實冀拋磚引玉而已。

本書完稿以後，蒙許君遠先生，於事忙之中校閱，尤以地名音譯正誤特多，更爲感激，謹此誌謝！

一九四五年元旦，於渝歌樂山行政院。

歷史叢書

中國海外移民史目錄

中國海外移民史

移殖篇

一　胚結時期

中國海外移民，當以唐代為嚆矢。此非在唐代以前，無中國人民足履國外之謂也，祇以其在國外之足跡，非含有移民之性質，充其量亦僅以其行旅所及，攜回若干地理知識與行旅經驗，為唐代以後移民之先導而已。考中國人民足履國外之最早者，據菲律賓大學某教授之考證，約在周秦時代，中國人民，與菲律賓人民之間，已發生貿易關係。其謂『在中國周秦時代，菲律賓之統治者，履朝中土，而中國商人，亦常運輸綢米於菲島為貿易，經三月而返。』〔註一〕惟此項事跡，並未見諸中國史乘。至於中國人民之足履西亞最早者，當推漢代張騫之通西域始。張騫通西域，係在紀元前一三八年，其在西域居十三年，足跡及於身毒、安息諸國。斯時之身毒即今之印度，斯時之安息即今之波斯〔註二〕也。後漢明帝時，又遣班超使西域，歷葱嶺以東凡五十餘國。並曾遣部將甘英使大秦，其雖抵安息之條支，後因圖渡波斯灣，聞舟子云：『海水廣大，往來者逢善風，三月乃渡，遲風亦有二歲者，故入海者，皆齎三月糧，海中善使人思土戀慕，數有死亡〔註三〕者，』而罷。其後是否達使大秦之目的，不得而知。五世紀中葉時，位小亞細亞東之阿美尼亞國(Armenia)之史家摩西氏(Moses of Chorsne)謂『紀元前一世紀，其國王梯格倫斯第六(Tigranes VI A. D. 142—178)在位時，有外國移民數隊來奔，內有中國人甚多，王使居阿美尼亞省(Kurdish Armenia)境內。考今日阿美尼亞世家大族之宗系源流，頗有來自中國之跡象，如奧配亮族(Orpelians)，亦稱日巴古里尼(Jenpakurini)，其先世嘗爲日伯爾蘇(Jen-palsur)即中國之皇帝。又馬密哥尼族(Mamigonian)，代出能人，掌握政權。摩西氏以『馬氏之來在其生前二百年，波斯薩珊王朝(Sassanian Dynasty)太祖阿爾戴細爾(Ardeshir)有子名馬姆康(Mamkon)者，犯法當坐，逃至波斯避之中國人，追至因波斯保護罪人，以宣戰相恫嚇，馬姆康不得已，乃西至阿美尼亞國王梯乃代梯斯(Tiridetes)優待之，封以大龍(Daron)省，使馬姆康及所率徒黨居焉。』馬氏之來，既在摩氏生前二百年，其當約在第三世紀初半，所謂馬姆康，即馬密哥尼之祖先，其來自中國，阿美尼亞各史家皆有此記載。所謂阿爾戴細爾王，爲二二四年至二四〇年，適在中國三國時代。但此項事跡，雖未見諸中國正史，殆亦屬可能也。中國人民取海道至南洋達印度以西者，據勒南氏 (Reinand) 著旅行關係論 (Relation des Voyages) 所引阿剌伯學者之說，謂：『於五世紀初期，曾有中國人民至波斯灣頭，』〔註四〕云云。又據史乘所載，中國人民足履南洋各地者，約與漢代大秦使者安敦東來同時。所謂：『自合浦、徐聞南入海得大州，東西南北方千里，武帝元封元年，略以爲儋耳珠厓郡。』自日南障塞、徐聞、合浦船行可五月，有都元國。又船行可四月，有邑盧沒國。又船行可二十餘日，有諶離國。步行可十餘日，有夫甘都盧國。船行可二月餘，有黃支國。民俗略與珠厓相類，其州廣大，戶口衆多，多異物，自武帝以來，皆獻見。有譯長，屬黃門，與應募者俱入海，市明珠、璧流離、奇石、異物，齎黃金雜繒而往。所至國皆稟食爲耦，蠻夷賈船轉送致之。亦利交易，剽殺人。又苦逢風波溺死。不者數年還。大珠至圍二寸以下。平帝元始中，王莽輔政，欲耀威德，厚遺黃支王，令遣使獻生犀牛。自黃支船行，可八月到皮宗。船行可二月，到日南，象林界云。黃支之南，有已程不國，漢之譯使自此還矣。』〔註五〕及『莽既致太平，北伐匈奴，東至海外，南懷黃支』〔註六〕云云。據藤田豐八氏之考證：都元國在蘇門答臘北岸，邑盧沒國約在緬甸，黃支即今之錫蘭島（Isl. Sinhala）已程不國有謂即今印度買索爾之基的補拉（Kitthipura）或古都爾(Kutur)皮宗(Pulaw Pisan)即今之蘇門答臘沿岸。據中西史籍所載，漢時非僅已有使臣往還於南洋羣島各地而達印度，且：『漢使所至國，皆稟食爲耦，蠻夷賈船轉送致之。亦利交易，剽殺人。又苦逢風波溺死。不者數年來還。』當時中國人民之足履南洋者，已有其人，惟所乘船隻，『蠻夷賈商轉送致之，』尚無直達之航線耳。至漢末三國時，吳國孫權曾遣宣化從事朱應，中郎康泰通南海，經百數十國〔註七〕。晉代高僧法顯爲精究佛法，由陸行抵印度，自獅子國經海道回國，中途遇風，飄至耶婆提，即今之蘇門答臘或爪哇也。法顯往印度係在晉義熙十一年，即西元四一六年，其回國後著有佛國記一書，詳述旅行經過，並謂其所經地區，已有中國人民居住云云，行之於世〔註八〕。若以法顯之佛國記觀之，中國人民之足履南洋羣島者，實遠在法顯以前，當無疑義。至於緬甸、越南、泰國等地，與吾國毗連，在秦代，越南北部與梧州同隸版圖，爲象郡之一部。漢代交趾、九眞、日南等地，已置於交州刺史所屬。三國時，蜀相諸葛武侯七征南蠻，設交郡，包括日南、交趾、九眞、新昌、武平、九德等越南之地。西晉一代，亦將越南之地，置交州，轄有交趾、武平、新昌、九眞、九德、日南等地。東晉亦將越南設交越兩州。隋代梁王稱帝，南盡交趾之地〔註九〕。泰國於隋大業二年，即六〇二年，有屯田主事常駿等，齎帛五千，改自南海郡使赤土國宣詔，所謂赤土國者，即今泰國南部之地。緬甸古名驃國(Pyu)，亦與中國早有往還。越南、緬甸、泰國在政治上之關係，密切如是，中國人民足履其地者，當不言可知。位於中國東方之日本，中國人民足履其地者，論衡所載，遠在成周之初，史記所載，始於秦代〔註一〇〕均含有神話性質，不足為信。漢書地理志稱：『樂浪海中有倭人，分為百餘國，以歲時來獻。』後漢書東夷傳亦謂：『倭在韓東南大海中。』『建武中元二年倭奴奉朝賀倭國之極南界也光武賜以印綬。』倭人既朝中土，中國人民前往其地者，必有其人可為信史。漢代以後中國人民之至日本者更為頻繁，且多為帝王之後裔〔註一一〕。至於中國人民之有足跡在美洲者，傳說不一，有謂依據考古家之考證，在墨西哥境內掘土曾發現中國周代之古錢。一七六一年，西方學者金勒氏根據梁書諸夷傳〔註一二〕發表論文，名為中國人發現美洲之航跡（Reeherches Sur les Navigations des Chinois du Côté de l'Amerique）謂宋大明二年，即四五六年，曾有中國人民至美洲之說為可信〔註一三〕。一八七二年，西儒威寧（Wining）氏發表論文，名為無名之哥倫布（An Inglorius Columbus）。一九〇一年七月，加利福尼亞大學教授在噲卜斯月報（Haper's Monthly Magazine）發表哥倫布以前千年發現新大陸之佛教徒（The Buddhist Discorery of American a Thousand Years Before Columbus）論文等，亦贊同金勒氏之說，但此僅可作為有此說耳，不能作為中國人民之足跡確早已先哥倫布而至美洲也。

〔註一〕見南洋年鑑。〔註二〕見金兆豐著中國通史六四四頁。〔註三〕見後漢書西域傳。〔註四〕見勒南氏著旅行關係論三五至三六頁（Reinand: Relation des Voyages PP.35—36）。〔註五〕見後漢書地理志。〔註六〕見漢書王莽傳。〔註七〕梁書諸夷傳中有吳時外國傳扶南傳等之記載。〔註八〕見南洋年鑑所引佛國記。〔註九〕見金兆豐著中國通史地形篇。〔註一〇〕史記稱秦始皇二十八年（紀元前二一九年）齊人徐福（一作徐市）上書，言海中有三神山，名曰蓬萊方丈瀛州，仙人居之，請得齋戒與童男女求之，於是遣徐福發童男女三千人入海求之而不返。〔註一一〕見大日本史民族志及中外經緯傳。〔註一二〕梁書諸夷傳載：『文身國在倭國東北七千餘里。』『大漢國在文身國東五千餘里。』『扶桑國者，齊永元元年（四九九年）其國有沙門慧深來自荊州，說云：『扶桑在大漢國東二萬餘里。地在中國之東，其土多扶桑木，故以爲名……』〔註一三〕克拉卜洛特（Klaproth）於一八三一年發表論文，中國紀載上之扶桑國認爲亞美利加的一部之研究（Recherches Sur le pays de Fou-Sang mentions dans les livres Chinois et prismal a propos pour une partie del'Amérique），反對金勒氏之說。

二 萌芽時期

唐代爲中國海外移民之肇端。至今世界各地中國之移民，仍有自稱爲唐人，稱中國爲唐山，其所居之地曰唐人街（China Town），實含有唐代爲中國移民肇始之意也〔註一〕。中國與外國之貿易始自秦漢，至唐代互市之風大盛，當時甘肅西部之河西諸郡已成爲中西貿易之中心，西方商人會集其地者，達四十餘國〔註二〕。德宗建中元年，即西元七八〇年，居留西安之外商達四千餘家之多。中國商人，貿易印度而達西亞者爲數亦甚衆。此爲大陸方面中國人民移至西亞之情形。海洋方面，於唐代末葉，阿剌伯人，波斯人，猶太人，雲集於廣州、泉州、杭州、揚州者，爲數頗衆。當時政府以中外貿易日繁，爲便利與外商交易起見，特設提舉市舶司，掌理其事，其官稱市舶使。波斯、獅子國、婆羅門、交趾、崑崙〔註三〕、西域等地船舶，航於馬來羣島，經錫蘭入波斯灣，或沿阿剌伯海，達紅海之航路，暢通無阻，其勢甚盛〔註四〕。及至唐末僖宗乾符五年，黃巢亂起，攻掠廣州，戮廣府猶太、阿剌伯、回教徒、基督教徒（即景教徒）及波斯之祆教徒，達十二萬人之後，中外貿易頓告衰落。阿剌伯人阿蒲茲特（Abou Zeyd）記載黃巢爲旁巢（Bou Shoa），實轉訛也〔註五〕。日本自隋迄唐二百三十年間，自隋煬帝大業三年，即西曆六〇七年，日本小野妹子之使隋，以迄唐文宗開成三年，即西曆八三八年止，遣使先後來朝中土者，達三十六次之多！中國政府亦時遣使臣報聘〔註六〕。其時，民間因商業往還，已如山陰道上，不絕於途矣。唐代，中外交通及貿易既如是之發達，故其時中國移民之達西域者，有如經行記所云：『漢匠作畫者，京兆人樊淑、劉泚；織絡者，河東人樂隁、呂禮。』此足爲當時中國移民於大食國之佐證。又通考達拉司條（Talas）云：『此國商胡雜居，有小城三百，本華人，爲突厥所掠，羣保此，尚華語。則大食以前，尚有中國虜人居西亞也。』又據沙畹之說，『當阿剌伯人大敗唐將高仙芝時，唐人將亞洲以西所未諳之造紙工業輸入石國（Samarkand）』〔註七〕。再據阿剌伯人之記載，以唐代中國商船經南洋、印度，至波斯灣貿易。中國人之居留底格里斯河（Tigris R.）與幼發拉底河（Euphrate R.）口之巴斯拉國（Basrah）者甚多，其子孫亦甚繁榮，而阿剌伯之亞丁（Aden），亦有居留地〔註八〕。南洋羣島方面，據爪哇（Java）史籍之記載，當唐同光六年，即西曆九二四年時，有中國大沙船一艘，在爪哇之三寶壠附近沈歿，船客飄流至岸，其管船者獻寶物於武葛王（Tegal），得王之允許，招集餘衆，定其居，受優良之待遇〔註九〕。十世紀時，阿剌伯人馬素提（Masudi）遊歷非洲、錫蘭、印度、南洋羣島及中國各地，著黃金牧地（Les prairies d'Or）一書，內記載：『於九四三年，經蘇門答臘時，已有多數中國人民耕植於此島，而尤以巴鄰邦（Palembang）（室利佛逝，即三佛齊，亦即爲今之巨港）爲多。蓋避黃巢之亂而至者。』當時，中國沿海各地，如閩、粵、浙、蘇一帶人民，與外商來往既甚頻繁，其爲避黃巢之亂，隨外商船舶，揚帆西去，留居南洋各島者，爲數當衆。蓋在黃巢亂前，中外交通及貿易既甚發達。其時中國僧侶之前往印度求佛者，亦日繁有徒。如唐玄奘之入竺，口授大唐西域記；義淨著南海寄歸內法傳，述其來回之海程。天寶年間，僧人悟空，嘗至印度等，均爲世人所知者。其時僧侶之往來印度有文獻可稽者，在法顯之後，計三十五人，爲曇無竭、常慜、明遠、窺冲、義朗、智岸、義玄、會寧、運期、解脫天、智行、慧琰、大乘燈、彼岸、智岸、曇閏、義輝、道琳、曇光、慧命、靈通、僧哲、智弘、無行、法振、乘悟、乘如、大津、義淨、善行、貞固、孟懷業、道宏、法朗、慧日，除以上諸僧係較爲聞名外，其往來中印間未見諸史籍之僧侶爲數當更衆。且其時僧侶之足跡，非獨至印度錫蘭而已，其中更有至馬來半島、蘇門答臘、爪哇等地者〔註一〇〕。僧侶往來於中、印、南洋途中者既如是之盛，移民往返之繁自可不言而喻。以唐代爲中國海外移民事業之發端，實屬至當。

唐末經五代之亂，以迄宋代，此爲中國海外移民由萌芽至長成時期。惟宋承五代亂世之後，邊疆多故，戰爭頻乘，以禁絕中外互市爲馭邊之策。同時於九世紀末東薩拉森王國發生內亂，波及西亞一帶，陸路貿易因之見阻，中國大陸移民於焉頓挫！惟有海道方面非獨交通上較隋唐時代更臻便利〔註一一〕，則貿易上亦不弱於唐代。宋初，指定廣州、明州（即寧波）及杭州爲對外貿易之商港，各置市舶司，設關征稅。北宋末葉，以迄南宋，泉州對外貿易亦日漸興盛〔註一二〕。蓋南宋偏安江南，財政艱難，全賴外洋貿易收入之大宗爲財政之源，以資挹注，故對外商來居者特設蕃坊〔註一三〕，因是外商來居中國者竟有攜家室俱來，生長子女於中土或仕於宋〔註一四〕。日本與中國之間，僧侶商人往來頻繁，南宋尤盛。宋代中外交通與貿易之發達若此，故其時中國移民事業之盛，亦不亞於唐代。如南洋羣島、馬來亞等地，因介於中國與印度、大食國之間，爲當時中西交通與貿易所必經之地，因交通與商業之故，中國人民移至其地者，當亦甚繁。如顧斯綜著：南洋蠡測一書內謂：『新忌利坡（即新加坡）有唐人墳墓，記梁朝年號及宋代咸淳』，此足以證明唐後及宋代期間中國移民之象跡，大概所謂『唐人墳墓』之『唐人』二字，係如明史所稱：『唐人者，諸蕃呼華人之稱號，凡海外諸國盡然』之義。當時中國移民至南洋羣島，不僅在交通上已有三佛齊與泉州間順風一月，與廣州間順風二十日之定期航船來往，而南洋羣島土人，對於中國移民已視爲上賓，無不竭誠殷勤招待者。如闍婆對華籍賈人待以賓館食豐潔〔註一五〕。渤尼則尤愛唐人，醉歸則扶之以歸歇處〔註一六〕。蘇吉丹卽闍婆支國厚遇唐人商賈無宿泊飲食之費等等〔註一七〕，其對中國移民之優待從此可以概見。當時中南交通旣若是之便，而土人對待華人又如是之優厚，華人足跡殆遍南洋各地，或經營商業或永期不歸者豈不爲數至衆耶。其時，中國人民移居南洋各地，非獨建有屋舍以期久居，而中國之塔，亦竟於是時建立〔註一八〕足見宋代中國移民於南洋之盛矣。至於中國人民之移諸於日本者更爲頻繁，且其時中日間航海船舶，悉爲華人所有。如吳越人蔣承勛、蔣袞、盛德言、俞仁秀、張文過等，每次船往，竟能攜還多至百人船載之重叁什斛，駛往肥前國、松浦郡、柏島等地〔註一九〕。又如宋商朱仁聰、周文德、周文裔、陳文佑、孫忠、李充、周世昌等經營商業，均在文獻上可稽〔註二〇〕。菲律賓方面中國商人前往者亦甚衆〔註二一〕。南宋之世中國移民事業因海外商業繁盛而發達已無論矣，而南宋末葉，宋室遺臣，不忘故國，潛往海外避居，或圖東山再起，恢復宋室山河，更爲移民發達主因之一。如陳宜中之赴占城乞援〔註二二〕，沈敬之赴占城謀復國土，張世傑謀求援國外而入海，東莞李竹隱，卽李用之壻熊飛，浮海至日，起勤王之兵，趙忠歸越，鄭思肖走爪哇之巴達維亞，足不履元土，宋廣王走崖山，均足以證明宋亡時中國移民海外之盛也。

〔註一〕見萍洲可談卷二內謂：『北人卽中國人過海外，是歲不還者，謂之往蕃。諸（蕃）人至廣州，是歲不還者，是謂住唐。』萍洲可談，係宋人朱彧所作，則宋代仍稱中國爲唐也。其理由據同書又謂：『漢威令行於西北，故西北呼中國爲漢。唐威令行於東南，故蠻夷呼中國爲唐。崇寧間（一一〇一年至一一〇六年）臣僚上言邊俗指中國爲漢唐，行於文書乞並改爲宋。』然移民仍以唐字習爲使用不改也。明史卷三百二十四，眞臘國謂『唐人者，諸蕃呼華人之稱也。凡海外皆盡然。』中世紀時代，回敎徒稱中國曰唐孫（Tanghaj）按唐孫或桐孫（Toughaj）夏德（Hirth）謂統爲唐家之譯音（Hirth: Nachwart Sur Insihrift des Toyukuk 335）。日人桑原騭藏，在史叢七卷四期發表論文，謂：『唐家之子之譯音。』今在海外移民，自稱唐山人，大唐人，回國曰唐山。如美國華人居住區域，稱爲唐人街。中日戰爭前，日人呼中國人曰唐人，足見唐代移民正史之開幕，亦可謂爲中國移民發端時期之威名也。〔註二〕見金兆豐著：中國通史外交篇，謂：『隋煬帝時，河西諸郡爲東西交易中樞，西方賈人來集其地者，溢四十國。』〔註三〕崑崙山，爲安南海上之一小島，土名爲伯陸公度爾（Palu Coudore）。中國史書，以崑崙國，係指南洋大部份馬來族居住之地。十三世紀以後，始專指公度島（Coudor）。見馮承鈞譯：崑崙及南海古代航行考。〔註四〕由中國至西亞之航業，自八世紀起至十五世紀末止，統操之阿剌伯人手中。其航線所經，據阿剌伯人伊蒲古大悲（Ibu Khordadbeh），與伊特里西（Idrysy），蘇勒門（Soley Man）及唐德宗貞元年，即七八五年至八〇四年，由賈耽所抄錄，編在新唐書地理志內之皇華四達記。再當時往來之國外艦舶，有記載可稽者，如下表：

艦舶名稱	根據資料	艦舶名稱	根據資料
南海舶	唐國史補	番舶	新唐書
西南夷舶	新唐書	波斯舶	大唐求法高僧傳
崑崙舶	唐大和上東征書	崑崙乘舶	舊唐書
西域舶	舊唐書	蠻舶	舊唐書
海舶	梁書	南蕃海舶	癸辛雜識
婆羅門舶	梁書	獅子國舶	唐國史補
外國舶	南史		

至於艦舶之大小，據唐玄應一切經音義『大者，長二十丈，載六七百人。』唐李肇唐國史補：『南海舶，外國船也，每歲至安南，廣東，獅子國，舶最大者，梯而上下數丈，皆積寶貨。』『舶發之後，海路必養白鴿爲信，舶沒，則鴿雖數千里亦能歸也。』又萍洲可談：『舟師……夜則觀星，晝則觀日，陰晦觀指南針。』『船舶去，以十一月，十二月，就北風；以五月，六月，就南風。』〔註五〕見勒南著：旅行關係論，六三至六四頁。〔註六〕見金兆豐著：中國通史外交篇。〔註七〕見馮承鈞譯：沙畹中國之旅行家，四二頁。〔註八〕見畢蘇翁蒲爾著：伊斯蘭於中國(Broomboll Islam in China)。〔註九〕見剛伯爾著：爪哇之今昔(Compbell: Java Past and Present V. T. P. 135)。〔註一〇〕見梁高僧傳，大唐西域求法高僧傳，南海寄歸傳，宋高僧傳。〔註一一〕見嶺外代答：『宋代中國商舶，欲往大食，必自故臨易小舟而往。』『大食國之來也，以小舟運而南行，至故臨國，易大舟而東行。』又據馬素堤著：黃金牧地：『在十世紀中葉，自波斯灣之把自拉，即末羅國（Basra）東來之船，至古羅換乘中國船。』此時，非獨阿剌伯人之航業甚盛，中國人之船業亦已甚發達。而中國與蘇門答剌之三佛齊，已有定期之航行。〔註一二〕馬可孛羅遊記之剌桐城(Zayton)，即泉州。〔註一三〕見宋朱彧萍洲可談：『海外諸國人聚居之所，中置蕃長一人，管理蕃坊公事，以及招邀蕃商入貢之事。』『蕃人有罪，詣廣州鞫實，送蕃坊行遣。』〔註一四〕阿剌伯婦女，亦有往來中國者，如波斯婦菩薩蠻，即爲一例。宋之官吏與大食人雜婚者，大食人之仕宋者，往往致鉅富，尤以蒲姓爲多。有蒲壽庚者，任泉州市舶司三十年。宋亡降元。見日人桑原騭藏：蒲壽庚之事蹟。〔註一五〕見文獻通考卷三三二。〔註一六〕見汪大淵著：島夷志略，勃尼條。〔註一七〕見趙汝适著：諸蕃志，蘇吉丹條：『蕃舶抵岸三日，其王與眷屬率大人（王之左右號曰大人）到船問勞，船人用錦藉跳板迎肅，款以酒醴，用金銀器皿祿席涼傘，分獻有差。既泊舟登岸，皆未及博易之事，商賈日以中國飲食獻其王。故舟往佛尼，必挾善庖者一二輩與俱，朔望並講賀禮。幾月餘，方請其王與大人論定物價，價定然後鳴鼓以召遠近之人，聽其貿易。價未定而私售者罰，俗重商賈，有罪抵死者，罰而不殺。船回日，其王亦釃酒椎牛，祖席，酢以腦子蕃布等，稱其所施。』〔註一八〕見汪大淵著：島夷志略，土塔條：『居八丹（Patan）之平原，木石圍繞，有土磚甃塔，高數丈，漢字書之咸淳三年，即西曆一二六七年八月畢工，傳聞中國人其年皈彼，爲書於石以刋之，至今石磨焉。』又據于爾（Yule）著馬可孛羅（Marco Polo），二册三二〇頁：『馬八兒（Moabar）之那加八丹（Negapatam）東北約一英里之處，有塔曰中國塔（Chinese Pagoda），爲土磚建築，與印度式逈異。此塔在一八四六年尙存三層，至一八五九年，頹壞不可復繕』云云。〔註一九〕據本朝世紀所載：今日唐人來着肥前國，松浦郡，柏烏，仍大宰府言上解文在左，其文多不載，只取其大綱。大宰府解甲申請官裁事言上，大唐吳越船來着肥前國，松浦郡，柏烏，狀壹艘，勝重叁什斛，乘一百人（交名在別）。一船頭蔣袞，二船頭俞仁秀，三船頭張文過。『右得管肥前國，今月十一日解同日到來，稱管高來郡，肥最琦警固所，今月五日解狀，同月十日亥剋到來云，今月四日三剋件船飛帆，自南海俄走來，警調兵士等以十三艘追船留肥最琦港島浦㕍，五日寅一剋，所司差使者，問所逘牒狀云：大唐吳越船，今月四日到岸，狀請准例速差人船引路至鴻臚所，牒者慥加實檢，所申有實，仍副彼牒狀言上如件云云。蔣袞申逘云：以去三月五日，始離本土之岸久口滄云：天慶八年，六月二十五日。』此就記載，即可知當時中日航運中華人貿易之大略。〔註二〇〕北宋時，宋舶往來於中日間者，每歲有之。如朱仁聰，周文德，均屢次往日宋日之間。如三條天皇延久四年，即一〇七二年，增盛尋赴日，由宋人陳一郎通事，陳詠等照料一切，極其周到。此二人善操日語，來日至五次之多。來日宋商亦有久居者。如一條帝長德元年，即九九五年，宋商七十人來若狹，命移住越前國，長條四年，即一〇〇三年，宋建州之海賈周世昌，遭海風，飄流至日本，經七年，始與日商滕木吉共歸中國。〔註二一〕見宋趙汝适：諸蕃志，三嶼條：三嶼即菲律賓之一部：『番商每抵一聚落，未敢登岸，先駐舟中流，鳴鼓以招之，蠻賈爭棹小舟，持吉貝，黃蠟，番布，椰心簟等至，與貿易，如議之價未決，必賈豪自至，說諭餽以絹傘，瓷器籐籠，仍留一二爲質，然後登岸互市，交易畢，則返其質，停舟不過三四日，又轉而之他，諸蠻之居，環繞三嶼，不相統屬，其山倚東北隅，南風時至，激水衝山，波濤迅駛，不可舶舟，販三嶼者，率四五日間，即理歸棹，博易用瓷器，皂綾纈絹，五色燒珠，鉛網墜，白錫爲貨。〔註二二〕陳宜中事蹟，見宋史。宋敬之事蹟，見天下郡國利病書引濯纓亭筆記：『宋，沈敬之至占城乞兵復國，占城以國小辭，宋留居其國，占城賓之而不臣。尋以憂憤卒。』張世傑事蹟，見梁乙眞民族英雄百人傳及心史。熊飛事蹟，見屈大均廣東新語。鄭思肖心史之大義略敍曰『海外諸國懼韃（元）垂涎，月貢金銀米帛，充給朝廷軍需，歸屏蔽攻賊討。』『諸文武臣，流離海外，或仕占城，或壻交趾，或別流遠國。』據安南王吳士連之大越史記全書『有趙忠者歸越爲越王之家將，元至元二十二年，蒙古兵侵入安南時，趙加入安南軍，衣宋衣，執矢以戰，大敗元兵。』又據爪哇華人傳說，鄭思肖曾至爪哇之巴城，攜其鄉人同去，其居地曰八茶罐，乃以茶八罐與土人相易者。當時建屋一十六間，遺跡至今猶存。明代葉子奇艸木子曰：『韓山童詐稱徽宗九世孫，僞詔略曰：『蘊玉璽於海東，取精兵於日本，』『蓋以宋廣王走崖山，丞相陳宜中走倭，記此說，以動搖天下。』總之，元代統一中原之後，又屢征南洋各地，亦未嘗不以宋代遺老，流亡海外，元室有以清除之之意也。其時移民之盛由此可知。

三　長成時期

元代版圖，跨於歐亞，其在大陸方面，征騎所至，兵民留居西亞，東北歐，以及中歐等地者，爲數至衆。其時西亞，東北歐，及中歐既爲元室所併收爲版圖，人民往還，如足履國土。元亡以後，西亞東北歐及中歐國家，相繼脫離羈絆而獨立，凡居留各該地之中國人民，自成爲國外移民矣。至今在莫斯科尚留存有城牆上之雉堞槍眼，及中國式之建築。芬蘭人民，謂來自東方。匈牙利到今尚留有宗祠之形式（註一），並以其民族則匈奴民族，雖未必由於元代版圖跨於歐亞移民有以致之，但以元代隨武力發展而移民於各該地，不無影響。元代勢力之伸展，非僅在大陸上而已，其征安南、占城、爪哇、日本諸役，除敗於征倭外，未有不所向無敵者。故當時海上交通與貿易之盛，更非唐、宋時代所可及。其在沿海之地，如泉州、慶元、上海、澉浦等地，均於至元十四年，即一二七七年，設市舶司，以利國外貿易。泉州一地，令忙古斛領之，其餘各埠，統令福建安撫使楊發督辦。義人馬可孛羅遊華，於其遊記中，以刺桐城爲世界最大貿易港之一，則足以證明其時泉州國外貿易鼎盛之一般矣。元代除國外貿易，較唐宋時代更發達外，船舶之建置亦較唐宋時代爲精緻，載重亦均爲先朝船舶所望塵莫及〔註二〕。而其貿易範圍，如文老古（Maluka），吉里地悶（Geli Timor）之與中國通貿易，當爲史所未有。西里伯島與中國直接發生貿易關係，殆亦始於斯時〔註三〕。中國國外貿易範圍及於香料羣島及小森達羣島者，亦爲先代所未及。則以中日關係而論，元之征倭雖告失敗，然僧侶往還，商業互市，並不因戰爭之故而中止，且其往還之盛，仍不減於宋代。至於元代伸入南洋羣島之政治軍事勢力，竟及於印度之西南岸，以至於孟買附近。印度境內，及南洋各國朝獻於元者，達十餘國之多〔註四〕。南洋各國，在政治上既臣服於元，吾國人民移往南洋各地者，如履國土，不獨不受移往國家政府與人民之阻撓，而其對於中國移民之尊敬與歡迎，已惟恐不力矣。元代移民之盛，實爲有史以來所未有。至於當時移民情形，如爪哇與中國商業上之往來不絕於途外，泉州與爪哇之杜板（Tubon）之間，每月已有定期之船舶往還〔註五〕，流寓於其地之粤省人民，及漳泉人民爲衆極繁。中國移民流寓之地，非獨在沿海之杜板一地而已，東行約半日距離之廝村（Grossie），中國移民客其地者亦已成聚落，定名爲新村，移居其村者，達千餘人，村主爲粤人，番舶至此互市，金寶充溢。又南取水道行半日至淡水港，乘小艇二十餘里，至蘇魯馬益港（Surabayu）旁大洲，中國移民流寓者亦衆〔註六〕。麻逸地方，與中國船舶貿易亦已至所謂：『蠻賈議價，領去博易土貨，然後准價舶商，守信始終不爽』〔註七〕云云矣。足見中國移民之足跡已及於此。渤泥(Brunie)風俗，尤愛唐人，其於宋代『已醉則扶之以歸歇處』〔註八〕。元代更甚。勾欄山(Gelam)，元征爪哇，曾經其地伐木造船，有病卒百餘人不能去者，留居山中，所謂：『唐人與番人叢雜而居之』矣〔註九〕。龍牙門（Lingga）男女兼中國移民居之〔註一〇〕。文老古地產丁香『酋長每歲望唐舶販其地，往往以五枚雞雛出，必唐舶一隻來，二雞雛出，必有二隻來，以此占之，如響斯應』〔註一一〕。其望中國移民抵其地之殷切如是。吉地悶（Timor）有『泉之吳疾，發舶捎衆百餘人至彼貿易，既畢，死者十八九，間存一二，亦多羸弱乏力，駕舟回舶』〔註一二〕。以此證明中國移民商人已有足跡至其地。眞臘（Cambadja）更有：『唐人之為水手者，到其國中，不着衣裳，且米粮易求，婦女易得，屋室易辦，器具易足，買賣易為，往往皆逃逸於彼』〔註一三〕。此足以證明中國移民不獨已與通貿易，且有流寓於其地者矣。婆羅洲方面，據土人傳說，其地與中國關係至深。元代已將其北部之地設為行省。至今其地之人情、風俗、文字、習慣、服式、用具中有若干部分一如中國者〔註一四〕。足證中國移民居其地為數之衆矣。再元代聲威所及，其除使南洋各國國王紛向元稱貢外，於其未內附者，悉舉兵以討。如元世祖忽必烈征占城，先後遣兵甚衆。一二八二年六月，發淮、浙、閩、湖廣軍五千，海船百艘，戰艦二百五十〔註一五〕。一二八三年陰曆五月，復調兵一萬五千以從征。一二八四年陰曆二月又發兵五千，船二百艘，謀降服其王，事雖未果，惟占領其地置行省，迄一二八九年始廢。元初征緬甸之役，於一二七七年，即至元十四年，發兵七百（馬可孛羅遊記謂：元軍一萬二千），繼又發四川軍一萬，繼調四川，湖廣兵五千，一萬二千〔註一六〕。至元軍征緬遺跡，於今在蒲甘尚有歷歷可稽者。如近年蒲甘掘發古碑一座，一面刻有中文，另一面刻有驃文，現存該地博物院中。據中國移民杜威諾（Tow Sein Ko）之考證，謂：『為元征蒲甘之遺跡』〔註一七〕云。至於元世祖之征爪哇，發閩、贛、湖廣三省之兵凡二萬，舟千艘，齎粮一年，鈔四萬錠，降虎符、金符、銀符以百計，用備賞功。元代征伐南洋，先後在各地所出之兵為數至衆，其班師之日，雖有隨軍北返，但其留居其地必不乏人，而兵丁回國之後，宣傳所及，促成人民大量南移，影響之大，更不能以數字計算。

明太祖驅蒙古，恢復中原稱帝以後，其初年對海外事業，雖因元代費力耗財，勞而無功，以討伐南洋，日本為戒，僅遣使臣頒印受冊誥賜大統曆於南洋各國，並諄諄善諭其後裔專力於防西北陲〔註一八〕。然其初仍以寧波、泉州、廣州等地設市舶司與外國貿易如故。迨洪武七年，因倭亂，市舶司始廢。南洋各國來貢者，亦加以限制。洪武十四年，更訂私出外境及違禁下海條規，但其時移民國外仍大有其人。如洪武初年，會麻喏八歇王國西侵室利佛逝，舊王朝亡國大亂，閩粵人民旅三佛齊者千餘人，有南海人梁道明，號召而部勒之，保國之北境，與爪哇相拒。爪哇不能有也。以閩粵軍民從之泛海者數千家之事跡，足證中國移民並不因洪武之禁，裹足不前，仍絡繹於途如故。迨成祖立，其對海外政策一反洪武帝之所為。如建文四年，即一四〇二年九月，遣使以即位詔諭安南、暹羅、爪哇、日本、西洋（Chola）、蘇門答臘、占城諸國，諭禮部臣謂：『太祖高皇帝時，諸蕃國遣使來朝，一皆遇之以誠，其以土物來市易者，悉聽其便，或有不知避忌而誤於憲條，皆寬宥之，以懷遠人。今四海一家，正當廣示無外，諸國有諭誠來貢者，聽爾其諭之』〔註一九〕。聞良輔、寧善、馬彬、尹慶、李興等使臣奉命於永樂元年秋向爪哇、暹羅、麻六加、蘇門答臘、柯枝（Cochin）、西洋出發，並於是年恢復洪武七年以前之市舶司，如古里（Calicut）、蘇門答臘、麻六加、舊港（Polembang）、爪哇悉於永樂三年，即一四〇五年入貢。同年，永樂帝：『因疑惠帝亡海外，欲蹤跡之』〔註二〇〕。且欲『耀兵異域，示中國富強』，遣鄭和率兵三萬七千八百餘人，造修十四丈、廣十八丈大船六十有二艘，下西洋〔註二一〕，先後計七次〔註二二〕，經二十八年之久，歷三十五國，其所經歷國家名稱如下表：

鄭和經歷國家國名表：

區別	國名：中文國名	國名：西文國名
後印度	占城	Champa
	眞臘	Campodja
	暹羅	Siam
馬來半島	麻六加	Malacca
	彭亨	Pahang
	急蘭丹	Kelantan
馬來羣島	舊港A	Polembang
	蘇門答臘A	Sumatra Achen
	阿魯A	Aru
	喃勃利（南巫里）A	Lambri
	黎伐A	Lide
	那孤兒A	Battak
	爪哇	Java
	孫剌	Sunda
非洲東岸	木骨都束	Magadoxu
	麻林	Malinde
	卜剌哇（比剌）	Bra Wa
	沙里灣泥	
	竹步	Juba
印度沿岸	柯枝	Cochin
	古里	Calicut
	大小葛蘭（大小咀八喃）	Quilon
	西洋瑣里（瑣里）	Chola
	加異勒	Cail
	阿撥把丹（甘把里附近）	
	甘把里	Koyampadi
	錫蘭山	Ceylon
	溜山	Maldives

	榜葛剌	Bengal
	忽魯謨斯	Ormus
	佐法兒	Zufar
波斯及阿剌伯沿岸	剌撒（忽魯謨斯附近）	
	阿丁	Aden
	天方	Macca

說明：A係屬蘇門答臘島。

永樂帝之注重海外事業如此，當時中國人民因此而大量移至海外者，自屬不言可知。同時，在明代初葉，人民外移之風氣已開，而交通上亦較前便利，故其時人民除因政府提倡海外事業而使移民事業隨之發達外，人民自動移往海外者亦頗不乏人。如移民林義祖所率部衆早已在海外建立移民基礎，於鄭和下西洋時，爲鄭和所敗，遭殺者達五千人〔註二三〕。又如爪哇之新村，番名爲革兒昔（Geresik）原爲沙灘地，經中國移民客此慘淡經營而成聚落，遂改名客村，或作廝村，居其地者，達數千家之衆。番船至此互市，蔚爲爪哇最富饒之區。其頭目爲粵人。其後歐人勢力東漸，如葡人於一五一六年，攻麻六加，須利用中國移民之沙船所備吃水淺之小帆船爲登陸之用〔註二四〕。以上事實，均足以說明中國移民，非經政府提倡自動移留海外基礎之深。又正德十二年，即一五一七年，葡使比勒斯來中國，僱用麻六加中國移民火者亞三爲通譯〔註二五〕。其時充葡人通譯之中國移民，非獨火者亞三一人而已，如正德三年，即一五〇八年，麻六加貢使靖亞智之通事亞劉，其原籍則爲江西萬安縣人，原名蕭明舉，因犯罪逃亡海外者等，爲數至衆〔註二六〕，斯亦足見中國人民移外之盛矣。又如一五七一年，即明隆慶五年，西班牙人利牙石比抵馬尼剌時，已有中國移民一百五十名。其時中國移菲移民實有數萬人，往往久居不返，至長子孫，且多爲閩粵人，以其地富饒而往者也〔註二七〕。西班牙據菲律賓後，中國人民移菲島者源源不絕，爲數更衆。故有西班牙人問中國移民何爲而來？中國移民答以爲生理（Sengley），西人誤生理爲國家之名稱，乃呼中國移民爲生理，至今在菲島尙沿用之。且於一五八六年，卽萬曆十四年，菲總督撈力撤里及總主敎等上書西王腓立第二稱：『據報中國人皆懦性無勇，兵隊皆以乞丐組成，請以一萬或一萬二千西兵征服中國，縱不得全國，至少亦可佔領濱海諸省』云云之事。至於明代中國移民日本亦甚發達，尤以一五七〇年時中國商人移居長崎者爲衆。一六〇四年，卽慶長九年時，任中國商人爲唐通事，如馮六等均爲中國移民，其子孫多同化於日本者。其後，倭寇往往以朝貢爲名，擾中國沿海各省，多由於通海盜者互爲應援所致（註二八）。迨嘉靖三十六年，戚繼光、俞大猷輩破之於福建以後，由胡宗憲誘殺其大頭目汪直之結果，自此：（一）中國海盜原活動於中國沿海者，以南洋諸島與閩粵一衣帶水，故其氣焰及於南洋，如梁道明、陳祖義、施進卿輩，雄據舊港，稱霸海上，悉係由於海盜不能立足於中國沿海流遷至其地者。陳祖義且有刼掠海上商船貢舶之事，其兇悍可知。（二）倭寇敉平，中國海盜咸失根據，其逃往南洋者，如吳平之至安南，林道乾之至大泥，林鳳之至呂宋，均爲是輩。（三）當時歐人初來，此等海盜無形間與歐人發生關係，如一五四〇年，卽嘉靖十九年，浙江寧波口外之雙嶼爲走私之中心，由中國海盜許棟卽許三兄弟，汪直主其事，於一五四八年，卽嘉靖二十七年，爲浙江巡撫朱紈所破，殺葡人及其他人民一萬二千，燒毀大船三十五艘，小船四十二艘之多。又據葡國記載，中國海盜張璉（Chang-Lao？）佔澳門，圍攻廣州，中國政府得葡人之助解圍，以澳門爲酬。又中國海盜林鳳（Li-Hong），爲中國政府所迫，入呂宋島，攻馬尼刺等，均足證當時中國移民人數之衆，亦由於海盜之故。至於海盜流竄南洋之史實，不勝枚舉，其不屬於本題之範圍，姑從略。

〔註一〕余於一九二七年至三二年間受學於巴黎大學時，與匈牙利國同學談及匈牙利種族時，咸自認係來自中國。並謂至今尙有家廟祠堂，以及風俗等均有若干處與中國習俗相同。〔註二〕見于爾著馬可孛羅二卷二五三頁。〔註三〕見角田政治著外國地理集成上卷引華僑鄭福祿語：『望加錫附近之我哇（Gova）武乞族（Boegis）部落，其酋長有刀，爲元時之物，相傳酋長之祖先，當時直接得之中國人，以傳迄今，』云。〔註四〕元世祖忽必烈，遣招討使楊建璧三往俱藍國招之入貢。俱藍卽宋代之故臨，與馬八兒（Mabar）當時同爲海南諸番之領袖。至元十六年，卽一二七九年，馬八兒須門那（Somath）印度西南岸，今孟買附近，僧急里（Sangkili）印度沿岸之克蘭格諾爾（Cranganor），南無力（Lambri）蘇門答臘北岸，馬蘭丹（Malantan）蘇門答臘之一部，那旺（Neya）今蘇門答臘西岸之尼亞司（Nias），丁阿兒（Tinggame）馬來半島東岸，來來（Lara）印度之古朵拉（Guzerat）之地，急蘭亦䚟（Kelantan）馬來半島東岸，蘇門答臘等十餘國，各遣子弟上表來獻，仍貢方物。以上地名之考證，見東報一九一四年所載陸克依爾中國貿易之關係記錄（Rockhill: Notes on the Relations and Trade of China, Tomsg Pao, 1914）及桑原鷺藏蒲壽庚之事蹟，一一七—一二八三頁。〔註五〕見周致中著異域志上。〔註六〕見續通考，此條多本瀛涯勝覽。瀛涯勝覽爲明初人所作，所紀當指元代事。〔註七〕見島夷志略。〔註八〕見前註同書。〔註九〕見註七同書。〔註一〇〕見註七同書。〔註一一〕見註七同書。〔註一二〕見註七同書。〔註一三〕見元貞元年，卽一二九五年，遣使詔諭眞臘，自占城登陸，由陸道往眞臘，有周達觀隨行，所著眞臘風土記，載其國情。〔註一四〕婆羅洲爲元之行省，未見吾國史乘，惟西人有下列遺跡之記載，足以證明婆羅洲在元代與中國關係：一、今英屬北婆羅之地名，多以支那（Kina）起頭，如支那巴盧（Kina-balu）譯言中國寡婦山，支那巴坦加（Kina-balangain）譯言中國河，可見受中國影響之深。二、砂勞越之砂勞越河口，有小丘曰沙杜蒲（Salubang），高三千呎，爲中國字源，客語曰「山大王」，閩語曰「山豬墓。」山麓曾發現於紀元前與一二〇年及紀元五八八年後之中國錢幣，又發現與人體同大之佛像，及中國陶器之碎片甚多。三、婆羅洲之勞仔人（Dayaks），嘉顏人（Kayans）所藏之瓦甕，或來自中國，上雕龍形，視爲傳家之寶。土人謂瓦甕有神靈呵護，對之極恭敬。甕之種類甚多，高二尺至五尺，以古銅色爲多，亦有藍，白，紅各色。有雕龍者，有不雕龍者。價值少者百餘元，多至千元云。四、土人中，有杜生人（Dusun）者，馬來語園藝人（馬來語作 Orang Dusun, Orang）人之意（Dusun）園藝之意。其所着之長衫，所戴之金屬裝飾品，皆同中國。其栽植稻谷，純粹華法，尙有內部之蒲打抯人（Putatan），蓄有辮髮，可見蒙古人影響之深。據杜生人傳說，係華人後裔。緣有中國人，初自文萊至喀亞斯河（Klias），從事胡椒之栽植，納杜生婦女爲妻，並招致中國親友前來，後因避洪水之患，及摩魯斯人（Muruts）之襲擊，移居邦都（Bundu）高地，子孫繁衍，卽爲今日之杜生人。其人在中國新年，敬神焚香，尤完全守中國習俗云。據杜生人傳說，更有中國人，與支那巴魯神龍之神話，相傳多年前，有中國人三千人，居住蒲打抯中，有一人，名寶公者（Po Kong），與杜生酋長之女戀愛，酋長以女已訂婚於其族人，不之許，二人乃逃往支那巴魯山中，夜見有白光往來，審知爲一神龍，每夜出，而於口中吞吐紅色寶石以爲戲，寶公乃與其妻暗俟之，各兩手握泥待龍出穴，正吐出寶石時，以泥擲其目，使半盲，寶公取其石，天忽暗，寶公急挾石而逃，其妻則死於怒龍之手，卑劣寶公，亦不回尋其妻，終至單巴蘇（Tempassuk district）之沙亞孛(Saiap)，久住其所，藏之瓦甕，至今尤存，今沙亞孛之杜生酋長，卽其後裔。』又據溫雄飛著南洋華僑通史六四—六七頁，謂二十年前，有其鄉人（廣東人）黃卓如君，至婆羅泥（卽文萊）貿易，擬承辦該處各種鉅大實業，故婆羅泥蘇丹，極優待之，未幾，值該蘇丹祭墓之期，蘇丹乃約黃君參觀祭墓典禮，並作郊遊，及期，蘇丹所御之服，半作中國式，盛而雉尾，略如舊式戲劇，乃隨之至郊外，約一里許，上山巔，有一古墓，樸實無華，中豎碑碣，中隱隱若有中國字，爲其已漫漶不可讀，黃君好奇心切，乃取艸紙捫而拓之，得五大字曰：「黃總兵之墓。」其旁並無年月日，及其他題碑署名等小字。』溫君以此爲：『黃昇平之墓無疑，其稱總兵，或受命於朝而來者，則總兵乃其原銜，如實爲海盜，則此擬其所挾勢之大小，僭竊此號自娛也。』溫君更信蘇祿王室家譜之可據，又發現總兵墓，故推定黃昇平爲當時中國人之首領，而有女嫁於蘇丹者。但蘇丹王室譜系，黃昇平女下嫁文萊，爲一三七五年事，當在明洪武八年，以西人所稱元設中國河行省，任黃昇平爲中國總督，爲一二九二年，且據菲律賓克萊(Craig）敎授謂，同爲元征爪哇之附會，此說不足信。惟該地之婚喪禮節悉如中國，如行婚禮時，新婦戴鳳冠，着莽袍，但赤足而已，此華僑陳懷冰君語余者。〔註一五〕由唆都爲將，率領往征。〔註一六〕第二次派兵往征係在一二八三年，即至元二十年，伐緬攻克之後，由藥利海率領，第三次派兵係在一二八七年，即至元二十四年，元世祖以脫滿答爾爲都元帥，孛海剌孫爲征緬行省參政，將新附軍五千，探馬一千以行，仍調川兵以赴。〔註一七〕見蒲馬氏考古切實勘報告書之記載，(Raport of the Superintendente Archaeological Survey, Burma 1916, 20 and 1917, 25)。〔註一八〕見本書政策篇。〔註一九〕見大明實錄永樂元年。〔註二〇〕見明史鄭和傳，及明史胡濙傳亦云：『傳言建文帝蹈海去，帝分遣內臣鄭和數輩浮海下西洋。』〔註二一〕見明史波羅傳：『婆羅又名文萊，東洋盡處，西洋所自起也。』明張燮著東西洋考，列交趾、占城、暹羅、加留吧、柬埔寨、舊港、麻六加、啞齊、柔佛、文郎馬神、地悶，爲西洋列國，呂宋、蘇祿、猫里霧、摩鹿加、文萊、鷄籠、淡水爲東洋列國。明代所稱西洋，即今南洋之地，其後，歐人東來，自稱西洋，始改稱。〔註二二〕見明史及通番事蹟，記鄭和七次下西洋航行日期表：

次數別	依據資料別		備考
	通番記	明史	
第一次	永樂三年至五年	永樂三年六月至五年九月	
第二次	永樂五年至七年	永樂七年九月至九年六月	
第三次	永樂七年至九年	永樂十年十一月至十三年七月	
第四次	永樂十二年至十三年	永樂十四年冬至十七年七月	
第五次	永樂十五年	永樂十九年春至二十年八月	
第六次	永樂十九年至二十三年	永樂二十二年正月至（洪熙元年）	上據抄本針位篇下據推算
第七次	宣德五年至（八年）	宣德五年至（八月）	上據前聞記

〔註二三〕林義祖，於鄭和下西洋時，在舊港海上稱雄，詐降鄭氏，潛謀劫掠，鄭氏殺其黨徒五千餘人，燒船十艘，獲七艘，及僞印二顆，生擒祖義等三人，解京師伏誅。〔註二四〕見談爾蒲克爾氏著：談爾克氏之說明，三卷，緒言。(Afonso Dalboguergue, Commentaries of Afonso Dalboguergue, Vol, III Introd.)。〔註二五〕當時中國移民，任外國使節之通譯者爲數至衆，如正統元年，爪哇使臣財富八致滿榮本名洪茂仔，爲閩龍溪人，使人揚惟西沙，本名郭信，亦中國人。正統三年，爪哇使臣亞烈馬用良，通事南文旦及良殷，亦閩龍溪人。弘治十年，爪哇通使奈羅亦自謂閩人。（見沈德符：野獲篇。）〔註二六〕見明史及殊域周咨錄。〔註二七〕當時貓里霧（合貓里(Camiris)，蘇祿（Sulu）均已與中國通商，故中國移民有語曰：『若要富，貓里霧。』其時中國移民實已遍佈於全島。〔註二八〕見金兆豐著：中國通史外交篇。

四 中衰時期

明代末葉及清初，由於歐人勢力東漸，及異族入主中原，中國海外移民，因以更盛。惟因國際情勢丕變，中國海外移民，亦從主動時期，轉入被動時期，竟成回光反照之現象。考歐人東來抵中國求通商之最早者，當推葡人，其於一五一六年，已至廣東廣州海口之屯門澳(Tamao)〔註一〕，繼至漳州，及寧波，終至浪白窰（Lampacao）蠔鏡(卽今澳門)。〔註二〕一五一七年，卽明嘉靖十六年，並租澳門而有焉。其後，中國移民因歐人東來，益形發達。如張璉輩，於一五七八年之在舊港，中國移民之於婆羅洲〔註三〕，林道乾於一五六六年之據大泥〔註四〕，一五七三年林鳳之於呂宋〔註五〕。一五七五年，潮州總督王望高(Omacan)，奉命追捕林鳳。一五九三年，卽萬曆二十一年，以中國移民刺殺菲督郎雷氏敝裏系撈（Gomer Perez Dasmarinas）〔註六〕，一六〇三年，菲律賓發生中國移民二萬四千人之遭大屠殺，一六三九年，中國移民二萬餘人，在菲律賓之遭第二次大屠殺。一六六〇年，鄭成功據台灣之後，非賓律中國移民近萬人遭第三次大屠殺。一七五五年，中國在菲律賓之移民六千人遭第四次大屠殺〔註七〕及一七四〇年十月十日在巴達維亞之中國移民遭慘殺血流成河，所謂紅河事件者，達九千餘人等先後發生，均在此明末清初歐人初來東方之日〔註八〕。以此足見當時中國移民留居國外之衆，而已由自主動時代轉入被動時代回光反照悲境矣。至於歐人東來，促成中國移民人數之增加，可於下列數事以證之。其一：歐人對於東方情形多不明瞭，當時中國非獨爲東方之唯一主宰國家，則移居南洋各地之中國移民，亦多足爲左右土人者，故歐人亟需中國移民爲其經營貿易之先導。如葡人攻麻六加，利用中國移民，希圖經營中國貿易之發展等，在事實上，均非勾結中國移民或中國海盜爲媒介與先導不可。如一五四〇年，卽嘉靖十九年，利用許棟等在寧波海口走私。一六六七年『佛郎機卽葡萄牙與紅毛蕃卽荷蘭爭摩鹿加(Molucca)歲搆兵，人不堪命，華人流寓者，遊說兩國罷兵，分國中萬老高山爲界，以北屬紅毛蕃，以南屬法郎機，始稍息』〔註九〕。再如一六〇二年，荷人初抵爪哇，其總督彼得遜，任中國移民蘇明光爲甲必丹等等，因歐人東來不免需要中國移民爲其東方貿易進行之先導，故中國人民之乘機外移者日繁有徒矣。其二：歐人在東方經營略樹基礎以後，一切墾殖開發，均需大量人力，而中國移民忍苦耐勞，工價又廉，故其時，歐人雖視中國移民爲奴隸不如，而中國人民之外移者仍絡繹不絕。其時，歐人之需中國移民苦力情形之迫切，可於下列數事中見之：(一)一六〇二年，爪哇荷蘭總督彼得遜竭力主張擄中國移民爲奴隸，以開闢土地，其於翌年致書於繼任總督卡賓德爾(Pieter de Carpentier)云：巴達維亞、麻六加、安文、萬蘭需人甚多，更需多金以博厚利歸國，世界中無如中國人更適我用者。貿易既不得不以友誼得，現在風候正好，可以遣戰船往中國海岸，盡量捕其男女幼童以歸。若與中國戰爭，特須著意多捕華人婦女，幼童更好，移往巴達維亞、安文、萬蘭等地，華人之贖金八十兩一人，決不可讓其婦女歸國，或使至公司治權以外之地，但使之移往上述等地可也。』〔註一〇〕(二)在荷人實行此舉以前之一五九三年，即萬曆二十一年十月，西班牙人專僱中國移民二百五十人司駕駛大木艦之職，以高肖為把總，魏惟秀、楊安頓、潘和五、洪亨五等為哨官，鄭振岳為通事等等，均足證明歐人東來招致中國移民事實之一般也。至於異族入主中原之促進中國移民人數之發達，詳情更為世人所共知之事。一七六六年後，中國移民鄭昭王暹羅，一七一五年，鄭玖招致流亡，興中國文化於河仙，受封琮德侯於安南王，以及吳陽築城垣，立官署於宋卡（Song-Kia）等，均因明亡而移至海外者。

滿清入主中原以後，歐人在世界未經開發之處女地，已由發現轉入奠定基礎時期。此時，又值中國國內多事，故以氣候酷暑之南洋，其土人懶惰成性，而歐人又不堪久居與操勞，惟有中國移民在南洋能居之若素，且中國移民之向外移動，多以經濟為目的，並無政治上之野心。有如歐洲學者，喻南洋中國移民謂：『歐人獲牛，而中國移民取其乳。』〔註一一〕中國移民，因具有適應氣候之特性，不避寒暑，各種開發建設，均能勝任其勞，以是歐人之歡迎中國移民，惟恐不來也。當中國移民至南洋之初，多係臨時性質，以節季風候定其往返，宛若燕子之秋去春來。久後，漸娶土人婦女為室，每於歸國之日，由其所娶土人婦女代理經營其商業，其所生之男孩，則攜回祖國，女孩，仍使留居南洋與中國移民中所生之土生子婚配，此種土生子，在馬來亞稱之為哇哇（Baba），在荷印稱之為伯拉耶幹（Peranakan）。在習慣上，久居南洋之中國移民，稱初自中國抵南洋者曰「新客」。哇哇居南洋，竟有一生未回中國一次者，故其中亦有不能操華語者〔註一三〕然其習俗一如中國之舊也。歐人在南洋基礎之建立，如西班牙時代之於呂宋，荷蘭之於爪哇，英國之於馬來半島等開發建設，多賴中國移民勞力所成。如一八一九年，萊佛士開發新加坡(Singapore)之日，當時僅有漁夫一五〇人中，而中國移民佔二十餘人，不四月，中國移民驟增至五千人，一年後，增至一萬二千人，其增加之速，殆非想像所及，實亦爲有史以來所未有也。至於中國移民於海峽殖民地也，有如其總督瑞天咸氏(Frank Swettenham)譽：『中國移民之功最偉。』故中國移民在馬來半島之人數發展，亦特速。茲列一八二一年後其人口狀況表以證之：

年期	全人口數			中國移民人口數					
				人數			全人口比例		
	男	女	合計	男	女	合計	男	女	合計
一八二一	七、一〇六	—	四、七二七	—	—	一、一五九	—	—	二四、五
一八二四	七、一〇六	三、五七七	一〇、六八三	二、九五六	三六一	三、三一七	四一、六	一〇、一	三一、〇
一八二五	八、六二〇	三、二三一	一一、八五一	三、五六一	二六七	三、八二八	四一、三	八、三	三二、八
一八二六	九、一九七	三、七〇八	一二、九〇五	三、八三三	三九六	四、二二九	四一、七	一〇、七	四四、三
一八二七	一〇、五〇七	三、四二五	一三、七三二	五、七四一	三四一	六、〇八八	五五、八	一〇、〇	—
一八二八	—	—	—	—	—	六、三一〇	—	—	四〇、三
一八二九	一四、五七八	四、二四一	一八、八一九	七、一六三	四一二	七、五七五	四九、一	九、七	—
一八三〇	—	—	—	六、〇二一	五三四	六、五五五	—	—	—

一八三二	—	—	—	七、一四九	六一三	七、七六二	—	—	—
一八三三	—	—	—	七、六五〇	八六七	六、五一七	—	—	—
二八三四	—	—	—	九、九四四	八二三	一〇、七六七	—	—	—
一八三六	—	—	—	三、八七〇	八七九	一三、七四九	—	—	—
一八四〇	—	—	—	—	—	—	—	—	—
一八四九	—	—	—	二五、七四九	一一、二三九	二七、九八八	—	—	四七、一
一八六〇	—	—	—	—	—	—	—	—	—
一八七一	二〇〇、四三三	一〇七、六六四	三〇八、〇九七	—	—	—	—	—	—
一八八一	二八一、六八七	一四一、六九五	四二三、三八四	—	—	一七四、三二七	—	—	四一、二
一八九一	三四四、五五一	一九七、七九一	五一二、三四二	—	—	二二七、九八九	—	—	四四、五
一九〇一	三七九、一五一	一九三、〇九八	五七二、二四九	—	—	二八一、九三三	—	—	四九、二

閱上表，即可知自一八二一年至一九〇一年間，在馬來半島中國移民之盛況。至於其自一九〇四年至一九一三年間之中國移民之人數，如下表：

年	期移民數	契約移民數
一九〇四	二〇四、七九六	一六、九〇三
一九〇五	一七三、一三一	一四、八六四

一九〇六	一七六、五八七	一八、六七五
一九〇七	二二七、三四二	二四、〇八九
一九〇八	一五三、四五二	一三、六〇四
一九〇九	一五一、七五二	一六、〇七一
一九一〇	二一六、三二一	二六、三一五
一九一一	二九六、八五四	二四、三四五
一九一二	二五八、六四四	一三、七〇〇
一九一三	二四〇、九七九	一四、一九八

他如英國之開發沙勞越、北婆羅、荷人之拓爪哇，中國移民之貢獻亦不亞於在馬來半島。故美國教授戴伊氏（Clive Day）譽中國移民：『彼等依腦以謀生，而不用手』〔註一四〕之語，足以說明中國移民致力於南洋各地之情況。菲律賓方面中國移民雖先後經西班牙人一而再再而三三而四度之大屠殺，然中國移民仍大量移往。如據一八八六年之統計，全菲島有中國移民六萬八千餘人，在馬尼剌一地者佔五萬一千餘人，其餘均散佈於怡朗（Yeoilo），宿務（Ceba）等地。至於中國移民在南洋地理上之分佈如下表〔註一五〕：

地名	中國移民數
英屬馬來亞	一、七〇九、三九二
荷屬東印度	一、二三三、二四一　男七五〇、〇〇〇　女四五〇、〇〇〇

菲律賓	一五〇、〇〇〇
暹羅	五五八、三二四　A
法屬印度支那	四〇二、〇〇〇
總計	四、〇五二、九三〇

A、說明暹羅政府之高級職員云：『暹羅人與中國人結婚者甚多，現在國內有許多著名人物是混血者，其實有時候連我們自己也說不清楚，誰是暹羅人，誰是混血種。』若以中國移民及暹羅雜混血種合計之其數將近二、五〇〇、〇〇〇人，詳見註四。

此時中國非僅大量移民於南洋各地而已，日本方面亦甚發達。如一八七四年，卽同治十二年時，福建巡撫王凱泰奏云：『中國人之流寓日本者，不下萬人。』李鴻章奏亦云：『中國人之在長崎兵庫及其他口岸者，不下萬人。』此數雖不甚可靠，但自一八九四年至一八九五年中日戰後，據日本政府估計，在橫濱之中國移民，有千人，合全國計之有二千五百人。迨至十年後更增至八千人。日人此種統計當更不可靠，蓋其時日人已視朝鮮台灣為其屬地矣。其實若將日人統計之數字，再加朝鮮（其在中日戰前，朝鮮為中國藩屬，予以作為日本之地，毋寧作為中國移民計算。）台灣，在日移民或更不祇萬人也。惟在日本之中國移民，以商人為多，絕無勞工。至商人中，又以營進出口貿易者佔最大多數，雜貨商人次之。朝鮮自一八七六年釜山開埠，一八七八年元山開埠，一八八三年仁川開埠以後，中國新移民更日漸增（註一六）。至日韓合併時，中國移民有九千九百七十人。初以經商為主，繼來者亦有從事蔬菜栽培。日人謂中國在朝鮮之移民九千九百七十人，係指釜山、元山、仁川等地開埠以後而言也。先時中、韓人民往還之繁，殆無法以數計也。西伯利亞之一部及東海濱省（Primor Skaya Prov），本為我領土，自一八六〇年割俄以後，該地有中國人二千至三千之間，多從事狩獵，捕魚〔註一七〕，及採掘砂金爲業。在歐戰以前，海濱省尚有中國人堡屯約十所，散佈於全省。一八七〇年，俄人積極經營遠東，需要大量人力，乃開始自山東招募苦力一百五十人。嗣後，海參威（Vladivoslok）築港及鐵路敷設需要勞動工人更急，而其時，民間企業亦甚發達，故歡迎中國移民惟恐不來，尤以一八八〇年以後砂金場中歡迎中國苦力移民尤爲熱烈。迨西伯利亞(Siberia)鐵道修成，中國移民由鐵道而西，至西伯利亞各地者爲數更衆。惟此類移民多以春去秋來，含有節季性質，鮮有久住該地者。中國移民在西伯利亞之人數，雖無翔實之統計，但據多方估計之報告，自一九〇六年至一九一〇年間，由中國入俄境之移民人數凡五十萬人，五年間，由俄國回中國之移民人數約四十萬人許。其性質多屬定留商人，僕役及下級勞動者〔註一八〕。中國移民於美洲，始自一八一〇年，巴西京城里約熱內盧(Rio de Janeiro)植物園之試種茶樹，招募中國茶工百人前往。未幾，雖因試種失敗而解散〔註一九〕，但此爲中國移民美洲之嚆矢。一八四四年後，英屬圭西那（British Guiana）招致中國移民入境，繼而祕魯效之。一八四七年，古巴亦移入大規模之中國移民苦力，計自一八四七年至一八七四年間，自中國廈門，香港，澳門移至古巴，祕魯，智利及檀香山（Hawaii）之中國契約工人〔註二〇〕，達四五十萬人。惟此等移民雖名爲契約工人，實爲替代非洲黑奴而工作者，待遇之惡劣，亦與黑奴無異。此即中國人所稱『豬仔』，西人所謂『苦力貿易』是也。至今此等地區之中國移民，多係此類契約工人之後裔。美國與中國交通，雖始於一七八四年，美船中國皇后號(Empress of China)至廣州運茶絲〔註二一〕，但中國移民於美國，實始於一八二〇年以後至一八四〇年間。然其爲數至寡，僅有八人耳。迨加利福尼亞省（California Prov.）金礦發現，需要勞工，中國移民始驟增。當一八四九年金礦發現之初，僅有中國移民三二三人，三年後，竟突然增至一萬八千之衆，均係自由勞動者。此與古巴，南美各國之中國移民性質不同之所在。當時中國移民稱加利福尼亞省爲金山〔註二二〕因此而往者不絕於途。至一八六〇年，又增至三萬五千人，除礦工外，尙有從事於各種勞役者，而其中太平洋鐵道建築時中國移民從事於建築鐵道工作者，亦達數千人。其後，每年入美境之中國移民約增加三千人以上。一八八八年，即淸同治七年，中國政府與美人蒲安臣（Burlingame）所訂中美條約，鼓勵中國移民後，爲數更多。至一八七〇年，竟增至六萬三千人。其後十年，更見增加。其後十年之一八八〇年增達十萬五千人之衆。一八八二年遭排斥後，其數銳減。茲列一八八〇年前中國移美人數表列如下：

年期	移入人數	年期	移入人數
一八二〇—四〇年	八人	一八六〇年	三四、九三三人
一八四一—五〇年	三五人	一八七〇年	六三・一九九人
一八五四年	一三、一一〇人	一八八〇年	一〇五、四六五人

中國移民爲加利福尼亞省，築鐵路，水路交通，汙田，開闢礦產，開發農田，耕種，實業發展等，使居民稀少荒涼無比之加省成爲富庶之區，中國移民之功不可沒也〔註二三〕。故至今仍有不少美國有識之士稱頌中國移民不已。中國移民於加拿大者，相傳始於一八五八年間，卑詩省即英屬哥倫比亞（British Columbia）地方富庶，工資優厚，始有前往工作者。至一八六四年中國移民已增至二千人左右，多爲礦工。因其耐勞忍苦，工資低廉，大爲英人所樂於僱用。故除礦工外，亦有從事捕魚、鋸木、農夫及爲歐人僕役者。至一八七九年，卑詩省中國移民

增至六千人。一八八一年，加拿大太平洋鐵道興築，需要勞工，以是中國移民，更大量增加。自一八八一年至一八八四年間由中國直接移往，及自美國移往者，凡一萬五千七百人。一八八二年間，卑詩省之中國移民數爲三萬二千人。一八八六年後，排華之風起，限制中國苦力移民入境，因以發生。自此中國移民數字漸見減少，至一九○七年至一九一九年，其人數增減情形如下表：

一九○七年至一九一九年加拿大中國移民人數表：

年期	人數	年期	人數
一九○七—一九○八年	一、四八二人	一九一三—一九一四年	五、二七四人
一九○八—一九○九年	一、四一一人	一九一四—一九一五年	一、一五五人
一九○九—一九一○年	一、六一四人	一九一五—一九一六年	二○人
一九一○—一九一一年	四、五一五人	一九一六—一九一七年	○人
一九一一—一九一二年	六、○八三人	一九一七—一九一八年	六五○人
一九一二—一九一三年	七、○七八人	一九一八—一九一九年	四、○六六人

澳洲與中國之交通，始自一七八八年，英國東印度公司有船二十六艘，舶於廣州〔註二四〕，中國移民始於一八四○年至一八五九年間之烏修威尼（即新南威爾士(New South Wales)需要牧場之放牧者，而歐人不足供其求，乃招中國移民前往爲嚆矢。繼而金礦發現，中國移民因而源源至者，趨之若鶩。當時中國移民稱澳洲爲新金山。一八五四年，在維多利亞省(Victoria Prov.)之中國移民數達二千四百三十一人。至一八五七年，

金礦附近，達二萬五千人。一八五九年，至少當在四萬二千人。烏省金礦，需工尤衆。一八五六年時，僅有華工一千八百人。五年後，增至一萬三千人。中國移民初抵其地者，以從事金礦爲多。自一八五〇年起，歐人採排斥政策，人數漸減，除礦工外，中國移民從事園藝之蔬菜，產額佔全數百分之七十五。商販亦復不少，而煙草種植，尤爲中國移民所獨佔。作僕役者亦衆，尤以廚司一業，全洲均在中國移民掌握中。紐絲蘭中國移民，始於與澳洲同時，初以掘砂金爲業，其數約三千五百人。中國移民對該島金礦之繁盛，不無勞績。嗣後上層冲積之金礦採掘殆盡，因有增加勞力之必要，更僱少數華工。又該島之酪乳業爲中國移民所獨創。一八七一年，全島中國移民數爲四千二百十五人，其中在柯他古(Otago)省者，四千一百五十九人，受僱爲礦工者，三千五百人，佔該島全人口百分之六。夏威夷方面，中國之移民，較澳紐爲早。於一七九八年時，則有中國移民萬高華（George Vancowet）其人，著書名爲採險歷程（A Voyage of Discorery）述及一七八九年，已有航船伊蘭諾號（Eleanor）自澳門出發，船主梅特卡夫(Captain Metcalf)，載有美國水手十八人，中國水手四十五人至夏威夷之茂宜島（Mani）。一七九四年，萬君至夏威夷時，已見外國人十二人中，有一人爲華人，殆水手之逃船而至者。相傳一八〇二年，又有中國移民攜磨抵夏威夷，並於爛尼島(Lanai)種植甘蔗，故夏島之糖，謂係由中國傳入云云。其後，中國初期商人進行貿易，係由夏威夷王加咩霞第一(Kamchameha I)遣大酋長秦阿納(Taiana)主持其事，輸出以檀香爲大宗，故華人稱夏威夷爲檀香山〔註二五〕。當時中國移民與該島大族相通婚，其混血子孫，成爲居民中之優良份子。十九世紀初期，據哥德列（Goodrich）之說，土王登位及出行時，多用中國傘〔註二六〕。一八五〇年，因廣種甘蔗，土人不忍勞苦，招致中國工人至，是爲中國正式移民夏威夷之始〔註二七〕。迨一八八六年時，羣島內已共有中國移民二萬人，工作於蔗田中者，凡五千五百人許。惟其在一八八三年時，已頒布禁律，限制中國移民入境。其後人數漸減。至一八八五年後，日人始繼中國移民而至。中國移民經海道達歐洲，據倫敦金星墩博物館陳列中國帆船一艘，謂係在道光二十五年，即一八四五年來自中國者〔註二八〕。一八六六年，中國遣使至歐時，巴黎已設有中國移民之商店〔註二九〕。至一九〇〇年，全歐中國移民人數不過百人耳，以在輪船中充水手及小販為多，此由海道而往者也。至經由陸路循西伯利亞及中亞細亞而往者，有山西、山東、湖北、浙江等省籍之苦力小販，其最初前往之期間，約在光緒年代，至今其足跡已遍於歐洲全陸。其中除荷蘭之阿姆斯特丹（Amsterdam），鹿特丹（Rotterdam），比國之盎維斯(Anvers)，法國之馬賽(Marseille)，丹麥之哥本哈根（Copenhagen）等地，為閩粵寧波等地水手會集之地外，散佈於歐洲各國之小販商人為數至衆。合歐洲蘇聯計算之，約達二十萬人〔註三〇〕。一九一四至一九一八年歐戰時，法國招募參戰華工十四萬人〔註三一〕，戰後在法國之中國移民，達二萬人。英國亦於此時招募華工參戰。非洲之馬達加斯加(Madagascar)於一八六七年，英屬模里斯(Manritius)島，於一八四三年，始有中國移民之足跡。一八九六年至九七年間，因築路移入粵省移民數千。南非華工之移入，始於一九〇四年，係為英國採取金礦招募而往者，達五萬五千人。茲列其自一九〇四年至一九一〇年間中國移民人數如下表：

年期	中國移民數
一九〇四年	九、六六八人
一九〇五年	三九、九五二人

一九〇六年	五一、四二六人
一九〇七年	四九、三〇二人
一九〇八年	二一、〇二七人
一九〇九年	六、五一七人
一九一〇年	三〇五人

在南洋中國移民所組織之會黨，及活動之勢力甚盛。如羅芳伯之建設坤甸，沙勞事件之發生，霹靂華人之暴動，葉萊事件之發生，均與會黨有密切之關係。至『豬仔』與契約華工之販運，均在此期內。近年以來中國移民之狀况更形逆轉，總之明末以後中國移民人數雖衆，然其不若以往之所向無阻，處處均須受制於人，出於被動者居多，此實可謂爲中國移民之中衰時期。茲列今日中國移民在各洲及各國人數表如下：

一　中國移民在各洲人數表：

洲別	人數	洲別	人數
亞洲	一一、一三六、五六八人	南美洲	一七四、八九七人
澳洲	五〇、五三三人	非洲	九、五〇〇人
北美洲	一八六、四五四人	歐洲（歐洲蘇聯在內）	二八、三〇〇人

二、中國移民在世界各地分佈表：

地名	人數	調查年期
台灣	四、七五九、一九七	一九三三年
日本	二〇、〇五〇	一九三三年
朝鮮	四一、三〇三	一九三三年
安南	四五二、三四六	一九二九年
泰國	二、五〇〇、〇〇〇	估計數
緬甸	一九三、五九八	一九三一年
英屬馬來半島	一、七〇九、三〇〇	一九三一年
英屬北婆羅洲	四七、七九八	一九三三年
文萊	一、三二三	一九二三年
沙勞越	五〇、〇〇〇	估計數
菲律賓	一一〇、五〇〇	一九三一年
荷屬東印度	一、二三三、六五〇	一九三〇年
葡屬帝文	三、五〇〇	一九三二年
英屬印度	一五、〇〇〇	一九三一年
澳洲	一五、五〇〇	一九三一年
紐絲蘭	二、八五四	一九三二年

檀香山	二七、一七九	一九三〇年
太平洋諸島	五、〇〇〇	估計數
美國	七四、九五四	一九三〇年
加拿大	四二、一〇〇	一九二二年
墨西哥	二五、〇〇〇	一九三〇年
古巴	三五、〇〇〇	一九三二年
巴拿馬	四、四〇〇	一九三三年
中美各國	五、〇〇〇	估計數
祕魯	五、七〇四	一九三二年
智利	二、七〇〇	一九三三年
巴西	一五八、八六七	一九三三年
哥倫比亞	一、〇〇〇	一九三三年
赤道國	一、五〇〇	估計數
委內瑞拉	二、八二六	一九二九年
圭亞那	二、三〇〇	一九二九年
南非洲	四、五〇〇	一九三三年
印度洋諸島	五、〇〇〇	估計數

	一九二九—一九三一年估計數
西歐各國	三二、〇〇〇
蘇聯	二五一、〇〇〇
合計	一一、五八六、二五二

A.此數係指台灣日籍中國人（卽日人所謂本島人）而言，若僅以中國移民計算，爲四三、五八五人。

三、依據各專家所估計，中國移民數字表：

	估計者姓名	估計數字
外人估計	勒克呂 (Reclus)	三、〇〇〇、〇〇〇
	威廉 (William)	四、〇〇〇、〇〇〇
	木里斯 (Morse)	七、三〇〇、〇〇〇
	吉華爾特 (Gotwaldt)	七、六〇〇、〇〇〇
	陳氏 (C. K. Chen)	六、三〇〇、〇〇〇
	麥克納爾(Mac Nair)	八、六〇〇、〇〇〇
華人估計	陳達	八、一〇〇、〇〇〇
	李長傅	一〇、六〇〇、〇〇〇
	僑務委員會	七、八〇〇、〇〇〇(A)

(A)此數係未將台灣之日籍中國人列入在內。

〔註一〕舊稱下川島，此據籐田豐八著：東西交涉史之研究南海篇四三三—四四一頁。〔註二〕見哈爾特中國素寫一卷二三四頁。(Du Hald Description de la China, Tom I P. 234) 據中國史籍之記載，係在嘉靖十四年，即一五三五年，指揮黃慶受葡人賄，而許葡人以濠境爲居留地。〔註三〕見明史，閩人於萬曆年間王婆羅，漳州人張某長渤泥。〔註四〕林道乾南航，略大泥，號道乾港，聚衆二千餘人，見郁永河：河上記略。又見明史。〔註五〕林鳳於一五七四年，即萬曆二年冬，乘戰艦六十二艘，水陸軍皆二千，婦女一千五百，自澎湖出發，直駛南行。〔註六〕詳見本書史訓篇。〔註七〕見本書史訓篇。〔註八〕見本書史訓篇。〔註九〕見明史史訓篇。〔註一〇〕見僑務旬刊一二〇期歷代開巴史略。〔註一一〕見本書史訓篇。〔註一二〕見蒲洛氏著：東方荷蘭一五八—一五九頁。(Brown: The Dutch East PP. 158—199)。

〔註一三〕余於一九三二年遊荷蘭，訪華僑於海牙中華會，得知在荷蘭各大學內土生華僑學生，來自南洋者二八〇人，多習水利，醫學，商業，且能操流利之英、德、法、荷語及文字。但不諳華語，其間亦有極少數略能說閩粵方言，彼等極願學習中文，因受政治上之種種限制，不得如願耳。

〔註一四〕見載伊氏著：荷蘭在爪哇之政策及行政，三六一頁。(Clive Day: The Policy and Administration of the Dutch in Java, P. 361)。〔註一五〕英屬馬來亞，中國移民人口，見弗里蘭：英屬馬來亞一九三一年人口調查統計問題報告一二〇—一二一頁。(C. A. Vlieland: British Malaya: A. Raport on the 1931 Census and Certain Problem of Vital Statistics PP. 120—21) 荷屬東印度之中國移民人數，見陳達著：南洋華僑與閩粵社會第二章，菲律賓，泰國，法屬印度支那之人數，見國際勞工局一九三五年日內瓦鴉片與勞工研究報告，第二組二二號，三三—三四頁。(International Labor office: Opinin and Labar: Studies and Raports, Series B. No. 22, Geneva 1935, PP. 33—34)（A）說明，見太平洋雜誌九卷二期一九一頁。（一九三六年六月版）〔註一六〕見日人信夫淳平氏著：韓半島。〔註一七〕余於一九二六年九月，乘西伯里亞火車時，同車有身着華服，蓄髮之東海濱省人，手執旱烟筒自云『我等原爲中國人，後歸俄國，我等現尙有數千人，均以捕魚爲業，不事其他。』其能操華語，然服式仍與滿淸時代者同。〔註一八〕根據一九二六年，莫斯科中華旅俄救國會之估計。〔註一九〕見佛勒特及基特合著：巴西人及巴西四一八—四一九頁。(Flether and Kidder: Brazil and Brazilian PP. 418—419) 稱『主持其事者，爲葡萄牙國務總理林哈來斯伯爵。(Count of Linhares)』葡文稱茶曰「吹」(Cha)係自中國傳入者。〔註二〇〕見本書史訓篇。〔註二一〕見木爾斯著：東印度公司之對華貿易二卷九五頁。(Morse: The East India Company Trading to China, Vol. II P. 95)。〔註二二〕加利福尼亞因發現金礦，中國移民稱之曰金山。迨澳洲又發現金礦時，改稱該地爲舊金山。稱澳洲所發現者爲新金山，三藩市(San Francisco) 中國移民稱之曰金山大埠。〔註二三〕賽華爾著：中國人之移入，一四一二九頁。(Seward: Chinese Immigration, PP. 14—29)對此稱頌不已。〔註二四〕見木爾斯著：東印度公司之對華貿易，二卷一五一頁。〔註二五〕檀香山係指夏威夷羣島而言。〔註二六〕見哥德列著：夏威夷之將來二二〇頁。(Goodrich: The Coming Hawaii P. 220)〔註二七〕一八五〇年八月，檀香山農業公司，遣甲必丹卡斯，(Captain Cass) 領帆船地鐵斯號 (Thetis)，至中國招募農田工人一百九十人，及家庭僕役二十人，一八五二年，又遣卡斯招募百人，自此至一八六四年止，先後招募凡七百零四人。一八六五年，檀香山國王遣植物學家威廉來布蘭博士(Dr. William Hillebrand) 爲移民專使，招致五百名。〔註二八〕見陳里特著：歐洲華僑生活。〔註二九〕見前註同書。〔註三〇〕見註一七同書。〔註三一〕見法國陸軍部檔案及註一七同書。

政策篇

一 勞績

中國移民對人類世界政治，經濟，文化上之貢獻，雖不及歐洲各國移民之大，然其有數千年之深長歷史，據僑務委員會之調查，人數達七百八十萬有幾，分佈地區之廣，毋遠弗屆。彼等爲人類服務之勞績，在南洋馬來亞方面，誠如前海峽殖民地總督瑞天咸氏(Frank Swettenham)所云：『吾曾謂馬來聯邦之維持，專賴錫礦之稅入，首由政府以種種方法獎勵之。一八八二年有法國公司，始於霹靂之金帶(Kinta)地方，開掘錫礦，漸推廣其事業於各邦。嗣後，歐人所經營之公司繼之。惟開始作錫礦之工作者，首推中國移民，彼等繼續努力之結果，世界用錫之半額，皆由半島供給。彼等之才能與勞力，造成今日之馬來半島。馬來政府及其人民，對此勤苦耐勞，守法之中國移民所應示感謝之忱，殆非言語所可表達。當歐人未至半島時，中國移民已在該地開礦，捕魚，經營各種貿易。英人初經營半島時，着手經營鐵路，及其他公共工程，皆成於中國移民之手。至於開礦事業，純由中國移民導其先路，投身蠻荒，冒萬死，清森林，闢道路，每有犧牲其生命者。此外，爲煤工，伐木工，木匠，泥水匠者尙多。英政府之修鐵道，築橋樑，皆由中國移民勞工所包辦。當時，歐人不敢冒險投資，中國移民則冒險爲之。又經營商業，開半島之航路，招致中國移民勞工，開半島未啓之富源。英政府收入十分之九，皆出中國移民之手。凡事既成，宜知其成功之所在。讀此文者，應知中國移民有造於馬來各邦爲何如也！』〔註一〕中國移民致力於南洋英屬之勞績，非獨身受其益之英人稱頌而已，則其他國家有識之士，對中國移民為英屬馬來亞之貢獻，亦莫不有合理之批評。如美國威廉姆教授（Prof. F. Wells Williams）云：『歐洲諸國，惟有英人能吸收利用此百萬强健果毅之民族，中國移民。當彼等開發馬來亞、婆羅洲、香港也，彼等必需勞工，商人，買辦，僕役，使其生活適宜，否則必失其地位。蓋此等地方，非歐洲勞工及殖民之所習也。』〔註二〕又如沙勞越拉加、查理烏拉不律（Charles Uyner Brooke）云：『苟無中國移民，吾人將一事無能為！』〔註三〕以此一語，足證中國移民對其開發建設之功。至今查理烏拉不律家屬尤云：『中國移民曾大助於吾邦之繁榮。』〔註四〕此實不昧良心之言。中國移民在南洋之貢獻，非限於英屬馬來亞已也，對於其他各地所貢獻之勞績，亦復如是。如美國載伊教授（Prof. Clive Day）評論中國移民對爪哇開發建設之貢獻，亦云：『彼等——中國移民——依腦以謀生，而不用手。』〔註五〕此語說明中國移民，對爪哇之貢獻，不僅使用勞力，而且使用智慧。菲律賓方面之中國移民，亦有不可否認之勞績。當菲律賓在西班牙統治時代，一方面因中國移民在菲律賓勢力甚大，引起西班牙人之嫉妒，一而再，再而三，三而四度之施行大屠殺。另一方面，又因大屠殺中國移民之結果，感覺陷入不景氣狀態，後又大量招致中國移民入境，以往菲律賓之貿易，全賴中國移民以維持。至今中國移民在菲律賓之投資，尚達一〇〇、〇〇〇、〇〇〇〇美元之鉅。〔註六〕至於農田墾殖，中國移民更有莫大之功。泰國之開發建設，實由中國移民為其創導。譬如荒土之開拓，城市之建設，莫不由於中國移民勞力之賜。吾人祇須閱今日泰國之人口狀況，中泰混血種人數達二、五〇〇、〇〇〇人之衆，可概其餘。越南中國移民之勞績，吾人祇須明白法國政府訂立種種防止中國移民發展之苛例，即足以證明中國移民對於越南開發建設貢獻之雄偉與基礎之深厚。〔註七〕西伯利亞及俄國濱海省之墾殖建設，以及俄國在東方鐵道之敷設，及工業基礎之奠定，均有中國移民參預其事，貢獻其勞力。

美洲之開發建設中國移民實負荷先導責任。尤以中南美各國之開發建設，無不由中國『豬仔』冒盡艱險，披荊斬棘，獨任最艱苦工作，爲其先鋒。如巴拿馬運河工程，非中國移民不能竟其功。〔註八〕祕魯鳥糞層之清除，由中國移民獨任其勞爲一例，已無論矣。就以美國而論，其中央太平洋鐵路之建築，加利福尼亞省之墾殖建設，非中國移民爲之効勞，其安有今日之繁榮？如美國蘇華特氏(Seward)云：『當時加利福尼亞省尚未開闢，居民稀少，且以其地過遼闊，交通不便，故人口增加極難，而各省之在加省以後隸入合衆國者，其發達駕乎其上。蓋加省雖多天然富源，但因感受種種困難，致無進步。其最缺憾者爲鐵路。而尤要者，爲一橫貫大陸之鐵路。次則爲水陸交通，汙田亟待開墾，礦產亟待開掘，農田亟待耕種，各項實業亟待發展。此後種種事業之發展進步，使加省得有今日之富庶繁榮者，其成就之速，實非當時所豫料。而該省所痛惡嫉視之中國移民，實爲造成此美滿結果之要素焉。』〔註九〕以蘇氏之言，可概中國移民對美國貢獻之一般。加拿大太平洋鐵道之興築，荒涼滿目，杳無人烟，草詩省之使成今日之繁榮，無庸吾人敍述其功績之誰屬。其他如澳洲、紐絲蘭、夏威夷，以及南非各地之開發，或由豬仔販運而往，或由金山吸引而去之中國移民爲數至衆，其貢獻均爲世界上有識之士所同聲稱道者。歐洲方面，中國移民人數雖少，但於一九一四年至一九一八年間歐戰時，華工對於協約國軍火生產之努力，至今法國人士尚稱頌不已。至於中國移民之充任海員，服務於各國輪船，航行於世界各地，其貢獻之大，更屬人所共知之事。總之，中國移民影響於人類世界政治經濟文化，雖不及歐洲各國移民之大，但中國移民篳路襤褸，以啓山林，胼手胝足，以成基業之勞績，殆爲世界人士所公認者。

中國移民非但對移往國家或地區有不可湮沒之勞績而已，對於祖國之貢獻，亦爲中國政府與人民所共認者。如其往年對於中國革命事業上輸財輸力之豐功偉績，已有國父孫中山先生譽之爲『革命之母』，無庸贅述矣。就其對於國家經濟財政上之貢獻言，其以每年血汗之積匯回中國彌補國際貿易上之入超金額，固缺乏翔實之統計，據勒美氏(Remer)之估計，當一九〇二年至一九一三年間，其每年平均之數字，在一萬萬五千萬元之鉅。自一九一四年至一九二一年間，平均每年爲一萬萬二千萬元。自一九一四年至一九三〇年間平均每年約達二萬萬元之譜。〔註一〇〕至於在一九三七年七月七日中日戰爭發端以後之戰爭期中，中國海外移民匯款回國數額在戰爭初期，不獨不以戰爭而遞減，反因戰爭之故而大增。如一九三七年時爲四七三、五〇二、〇〇〇元，一九三八年增至六四四、〇七四、〇〇〇元，至一九三九年，更增至一、二〇七、一七三、〇〇〇元，一九四〇年，一、三二八、六一〇、〇〇〇元。其後因移民最多之閩粵兩省相繼陷敵，郵匯困難，而中國海陸交通又因受戰爭影響而被封鎖，始告銳減。如一九四一年，僅達二七八、八〇〇、〇〇〇元，至翌年，因中國政府通貨膨脹之情形更甚，故在數字上始又繼續增高爲四三一、〇四一、〇〇〇元。至一九四三年，更有驚人之增加，其增加數額幾達於戰爭期中最高年之一九四〇年爲一、二〇七、五〇二、〇〇〇元。總計在戰爭期中，除一九四四年以後不計在內，其匯款回國總額，合計爲五、五七〇、七〇二、〇〇〇元之鉅。〔註一一〕單就匯款回國一項而論，其對國家經濟財政上之貢獻已如是驚人，而其對每次愛國運動之捐獻，往者不必論，則就一九三七年七月七日中國遭受日本侵略起而抵抗後之海外移民之團體及個人捐款總額，自一九三九年七月至一九四〇年十一月二十一日止，期間，在美洲之中國移民捐獻四千五百零五萬九千六百八十二元三角六分，歐洲移民捐獻二百零六萬五千一百零八元一角四分，非洲移民捐獻二百七十六萬四千七百九十四元一角六分，澳洲移民捐獻五百六十萬零二千六百三十八元四角二分，亞洲移民捐獻五百五十七萬六千三百六十元二角八分，南洋移民捐獻一萬萬四千六百八十四萬零九百零二元二角四分，中南半島移民捐獻二千零五十一萬七千九百二十四元整，總計爲二萬萬二千八百四十二萬七千零九元六角〔註一二〕。其在戰爭初起時之捐獻數額爲數更鉅，尙未列入前列數字之內。至於移民在國內之投資，從事地方建設，消納公債等之數字亦屬驚人。如上海一地，其投資數額，僅以紗廠、烟艸、銀行、百貨等項，已達三千萬元以上。此外對中國鐵路投資：一九〇四年，潮汕鐵路三百萬元資金中，以在南洋移民中之張煜南一人佔最大部份〔註一三〕。新寧鐵路資金三百三十萬元，係由美洲之中國移民陳宣禧所發起，盡由在美洲移民所認股〔註一四〕。汕漳鐵路資金二十二萬五千元，亦係由國外移民楊俊如蕭林秋等所創辦，股東亦多爲在南洋之移民〔註一五〕。福建之漳廈鐵路，亦係由在南洋之移民所經營。航業方面之投資，祇韓江一線，卽有東成公司、利民公司、大埔寧公司等〔註一六〕。公路方面，於一九三〇年時，僅閩省漳泉二地，計公司二十三處，資金共達三、〇〇二、〇〇〇元，線長一千六百九十一華里〔註一七〕。粤省漳汕及安風二線，國外移民亦多投資。他如廈門市之建設總額一千六百萬，幾全數出之於國外移民之手。自來水公司、電燈公司、電話公司，初均係由國外移民所創辦。且有銀行四家。汕頭市之建設，及自來水公司、電燈廠、永安堂、利生火柴廠等之資本至鉅，悉係國外移民所經營。公債一項，在滿清末年所發行之昭信股票、實業公債、愛國公債，以及民初迄今日政府所發行之若干債劵，中國海外移民消納數均甚鉅。他如海外移民，對於國內文化、教育、慈善等事業之捐助，更不可以計數。

〔註一〕見史威特漢著：英屬馬來亞，二三一—二三三頁。(Swettenham: British Malaya PP. 231—233) 〔註二〕見威廉著：中國移民移入於亞洲貢獻問題，一八九九年歷史研究會出版卷一。(William: Problem of Chinese Immigration in Furthe Asia, one, Hist. Assoc. 1899, Vol I.) (註三)見巴爾馬爾，一八八三年九月十九日公報。(Pall Mall Gazette, Sep, 19,1883.) 〔註四〕見我在沙勞越之生涯。(Ranee of Sarawak "Lady Brooke": My Life in Sarawak) 〔註五〕見戴伊著：荷蘭人在爪哇之行政與政治，三六一頁。(Day: The Policy and Administration of the Dutch in Java, P. 361.) 〔註六〕見一九三三年七月四日外交公報，卷二第四號發表海登著：中國日本及菲律賓，七一一—七一五頁。(R. Hayden: China, Japan and the Philippines, in Foreign Affairs, Vol. II. 4, July 1933, PP. 711—5.) 〔註七〕見特納勒著：亞洲百萬人口之繁殖，一六〇頁。(E. Denery: Asia's Teeming Millions, P. 160) 〔註八〕巴拿馬運河建鑿時，該地多瘴疫，虐蚊，氣候炎熱，水土惡劣，凡參加開鑿工程者，不問國籍工人，均不能勝任，死亡累累，致使工程難於繼續，幾至停工，後僱用中國勞工前往担任，始克竟其功。〔註九〕見蘇華特著：中國人之移入，一四—二六頁。(Seward: Chinese Immigration, PP. 14—26) 〔註一〇〕見勒美著：外人在華之投資，一八七—一八九頁。(Remer: Foreign Investment in China, P. 187—189) 〔註一一〕見中央海外部統計室編製，民國三十四年三月印行之海外黨務統計輯要：抗戰以來華僑匯款數額一覽表。〔註一二〕見前註同資料所列海外各地僑團及個人捐款總額。〔註一三〕見交通部編交通史，路政編，卷一六四一—四二〇頁。該路於光緒八年，即一八八二年，英商怡和洋行，光緒二十二年，即一八九六年，英商太古洋行，議築未獲中國政府准許，其後光緒二十九年，即一九〇三年，由在爪哇移民粵嘉應州人張煜南氏邀同張步青吳理卿呈准建築，翌年二月開工，於一九〇六年九月竣工。意溪支線，成於光緒三十四年，即一九〇八年，全長爲十五英里九。〔註一四〕見陳達著：南洋華僑與閩粵社會，第六章，內載：『該線祇成二十八公里。』〔註一五〕見前註同書，同章，內載：『該線於民國四年創議，七年修至下浦，八年續修至外砂，十二年達澄海縣城，全長爲十哩。』〔註一六〕見前註同書。

〔註一七〕見民國十九年四月出版閩南汽車路公司聯合會周年刊，一卷內載：『閩南汽車公路聯合會一九三〇年報告其公司股本，線長如下表（政府所築公路不在內）。

公司名稱	股本	線長（華里）
永安	二五〇、〇〇〇	九五
全禾	一〇〇、〇〇〇	八五
泉圍	一五〇、〇〇〇	八一
安溪	三〇〇、〇〇〇	一八〇
泉洛	五〇、〇〇〇	一七
泉洪	二〇〇、〇〇〇	五八
白馬	四〇、〇〇〇	一四
始興	三〇〇、〇〇〇	一九〇
溪安	二五〇、〇〇〇	七七
營南	五〇、〇〇〇	五六
周蓮	四七、〇〇〇	二三
同溪	一〇〇、〇〇〇	三六
泉秀	一〇〇、〇〇〇	一八
同美	二五〇、〇〇〇	三四
雙舊	二五、〇〇〇	三六
泉溪	四〇、〇〇〇	一七〇
鴨杏	三五、〇〇〇	一一
交通	二〇、〇〇〇	八〇
洛陽	一五、〇〇〇	—
廈市	二〇〇、〇〇〇	—
福興	二〇〇、〇〇〇	一六〇
漳南龍	二五〇、〇〇〇	一五〇
灌鑾	二〇、〇〇〇	二〇
總計	三、〇〇二、〇〇〇元	一、六九一里

二　上國自尊時期

中國移民，對人類世界及國家所貢獻之勞績，既如前述，而中國歷代政府，對移民所採行之政策如何？概括言之，中國自有移民史實以來，不論任何時代之政府，均未採積極移民政策，有若干時代竟施行取締限制等手段，禁止人民移往國外，茲簡述之如次：

唐代爲中國正式海外移民發生之嚆矢。當時中國政府與各國之間，非獨使臣往返已甚頻繁，而國際貿易，亦已十分發達。惟當時人民移往國外，並非由於政府之力量，而係由於時局變亂之結果。因爲當時政府在一貫相承保持上國自尊觀念之下，不願上國人民移往於所謂：『蕃』『夷』居住之地，所以唐代政府，不僅不予人民出國之援助，而且頒佈有浮浪他所條，積極禁止人民移至所謂化外地區。譬如浮浪他所條規定：『諸非亡而浮浪他所者，十日笞十，二十日加一等。罪止杖一百。即有官事在他所，事了留住不還者，亦如之』〔註一〕。當時政府爲防止人民移至國外，不僅人民不能長期移居，雖短期間足履外洋，亦不予准許。雖因公出國之官員，亦不得於公畢之後在國外停留。不過，當時中外貿易已甚發達，中外關係亦已甚頻繁，政府爲適應事實之必需，已在廣州、泉州、杭州等設置市舶司，以關稅收入爲國庫之大宗。並且政府爲辦理市舶司事務，設置有官員，以司其事。因當時外國商人，如阿剌伯、猶太、波斯等地之商人，僑居中國沿海各地及河西長安者，絡繹於途，已有數十萬之衆。政府既已關稅收入爲國庫大宗之一，故政府爲貿易上之便利進行，勿使禁令影響稅收起見，對於人民爲貿易而出國者，予以相當通融。如浮浪他所條內規定：『若營求資財，及學官者勿論。』〔註二〕當時所謂學，不過是向印度求佛之僧侶而已。唐代係佛教傳入中國之鼎盛時代，故政府爲尊崇佛教，除對貿易有關之所謂營求資財商人，爲關稅收入准許出國，勿加干涉外，僧侶來往國外，政府亦可以勿予留難。至於所謂官，當時係指政府所派遣之使臣，爲宣揚國威，前往國外詔諭：『蕃』『夷』朝貢之極少數人而已。吾人就浮浪他所條內容而論，唐代雖爲國際移民肇始時代，但政府對於人民移往國外，可謂係取嚴禁取締態度，雖對於營求資財及學官等出國，政府亦僅不予干涉而已，並非有予移民以獎勵與協助之意也。

宋代國際貿易之發達，並不遜於唐代。不過宋代之國際貿易，係採取政府統制政策。一切國際貿易經營，統由政府辦理，人民不得私與外人往來，人民移往國外，自無可能。所以在宋太平興國初年，即九七六年，政府爲嚴格統制國外貿易，頒佈禁海之例，規定：『凡私與番國貿易，值滿百錢以上者，均處罪。值十五貫以上者，黥面流海島。』〔註三〕當時宋代自視爲惟我獨尊之上國，海外國家，統爲蠻夷之邦，上國良善之人民，應羞與爲伍之觀念，與唐代並無二致。所以指私自與外商往來者，均認爲犯罪之徒，而且指中國以外之海島爲『天然監獄』，舉凡犯與外商往還罪之人民，亦黥面流海島。至淳化五年，即九九五年，政府又將前太平興國初年所頒佈之禁海之例，予以修正：『凡私與蕃國貿易，值滿二十貫以上者，黥面配本州爲兵役。』當時政府何以將海禁之例修正？蓋太平興國初年頒佈禁海之例後，人民因利之所在，並不完全遵守，政府雖以海島爲域外之監獄，當時人民反以海島爲天堂，故政府雖不許良善人民外移，但良善人民並不若政府之認爲『流海島』爲恥辱，禁海之例實施業已鬆弛。淳化年間，爲禁絕人民向國外移動，不得不予重申前禁。惟當時政府已知海島不能視爲囚徒之監獄；所以將禁海之例內：『流海島』一節改爲配本州爲兵役，以免良善人民，當作囚徒流海島以後，反而大發洋財，變爲富家翁回國，影響其他本無外移意志之人民，亦起外移之念。宋代對於人民外移，雖嚴令禁止，然其對於國外貿易，則甚爲注意，並不因禁止人民外移而忽視對外貿易之進行。如：『宋太宗雍熙四年，即九八七年，遣內侍八人，齎勅書金帛分四綱，各往南海諸蕃國，勾招進奉博買香藥犀牙，眞珠龍腦，每綱齎空名詔三道，於所至處賜之。」〔註四〕及乾道以後『詔市舶綱首能招詔船舶抽解物貨累價及五萬貫補助以上者，補官有差監官推賞』〔註五〕等等，均足以證明宋代對於國外貿易之注意。惟其對於人民外移，則取嚴禁政策耳。

元代爲中國歷史上武功最盛之一朝，版圖之廣，爲任何時代難與比擬。當時以版圖遼闊之故，人民雖往南洋各地以及西亞歐洲，亦係在國土內來往，並不能稱之爲國外移民。但元代政府，並不因版圖之開拓而獎勵人民向新佔領之版圖移動。如在至大四年，卽一三一一年時，政府亦頒佈有禁止下番船隻之海禁，此項海禁直至延祐元年尙未取消。其後政府對於人民移往國外，雖未予以嚴禁，但亦並未實施獎勵移民。元代之國際貿易亦若宋代之發達，但對於移民，可謂採取自由移民政策，不若唐宋時代之取嚴禁態度。

明代洪武初年因鑒於元代勞師遠征南洋，並征倭失利，乃對於海外事業，抱消極主義。在洪武帝此種消極主義之下，當時國外移民事業，自亦不能獲得政府之獎勵與協助，此可於洪武二年訓諭內容中見之，其訓諭云：『四方諸夷，皆限山隅海，僻在一隅，得其地不足以供給，得其民不足以使令，若其不自揣量來擾我邊，則彼爲不祥，旣不爲中國患，而我興兵輕犯，亦不祥也。吾恐後世子孫，倚中國富強，貪一時戰功，而無故興兵，致傷人民，切記不可。但胡戎與西北邊境互相密邇，累世戰爭，必選將練兵，時謹備之。今將不征諸國名列後，東北朝鮮國，正東偏北日本國，正南偏東大琉球國（琉球羣島），小琉球國（台灣），西南安南國，眞臘國，暹羅國，占城國，蘇門答臘國，西洋國，爪哇國，湓亨國（Pahamz）白花國（Battak）（花面國）三佛齊國，渤泥國。』〔註六〕洪武帝以元代征南洋日本所耗之鉅，故其一登龍位，卽洪定西北防守，東南不征之對外政策，大陸重於海洋。爲此其不僅再三誥誡其子孫，而且對國外貿易及朝貢之事，亦不爲洪武帝所歡迎。如其在洪武七年，將唐代以來一貫相承所設立之市舶司，亦下令撤消。二三年後，更連與南海各國使臣往返之外交關係，亦予一律斷絕。其後，對於自動來朝之國家，亦予以嚴格之限制。此可於其諭中書及禮部臣文告中見之：『古者諸侯於天子，比年一小聘，九州之外，則每世一朝，所貢方物，表誠敬而已。高麗稍近中國，頗有文物禮樂，與他番異，是以命依三年一聘之禮，彼若每世一見，亦從其意。其他遠國，如占城、安南、西洋、瑣里、爪哇、渤海、三佛齊、暹羅、斛、眞臘諸國入貢，既頻頻勞費太甚，今不必復爾，其移牒諸國，俾知之。』洪武十四年，即一三八一年，更變本加厲，不獨不與外國往還，而對於人民出國，亦頒佈禁海令，嚴格禁止人民自由出海貿易，其所頒佈之私出外境及違禁下海條之內容如下：

『凡將馬、牛、軍需、鐵貨、銅錢、緞疋、紬絹、絲棉，私出外境貨賣及下海者，杖一百，挑担馱載之人，減一等，物貨船車，並入官。若將人口軍器出境下海者，絞，因而走洩事情者，斬，其拘該官司及守把之人，通同夾帶，或知而放縱者，與犯人同。

『凡沿海去處下海船隻，除有號票文引許令出洋外，若姦豪勢要及軍民人等，擅造三桅以上違式大船，將帶違禁貨物下海，前往番國買賣，潛通海賊，同謀結聚，及爲嚮導刼掠良民者，正犯比照謀叛已行律處斬，仍梟首示衆，全家發邊衞充軍。其打造前項海船，賣與夷人圖利者，皆照將應禁軍器下海者，因而走洩軍情律，爲首處斬。爲從者，發邊衞充軍。若止將大船雇與下海之人，分取番貨，及雖不曾造有大船，但糾通下海之人，接買番貨，與探聽下海之人販貨物來私買販蘇木胡椒至一千斤以上者，俱發邊衞充軍，番貨並沒入官。』〔註七〕

洪武帝之上項禁例內，雖規定領有號票與引許令之船隻可以出洋，但人民如何可以隨便取得出國之資格？而且其時衙門手續甚繁，人民取得合法出國之資格，談何容易？洪武帝雖未嚴禁人民合法之移至國外，但人民在禁止私自貿易嚴令之下，移至國外，當然為極困難之舉。

成祖永樂帝登位之後，其對外政策一反洪武帝之所為。如建文四年，即一四〇二年九月，遣使諭：安南、暹羅、爪哇、日本、西洋、蘇門答臘、占城諸國，並諭禮部臣：『太祖高皇帝時，諸蕃國遣使來朝，一皆遇之以誠。其以土物來市易者，悉聽其便，或有不知避忌而誤於憲條，皆寬宥之，以懷遠人。今四海一家，正當廣示無外，諸國有輸誠來貢者，聽爾其諭之。』〔註八〕其對海外事業非僅如此重視而已，且為耀兵異域，派使臣聞良輔、寧善、馬彬、尹慶，先後至爪哇、麻六加、蘇門答臘、柯枝、西洋等國，詔之入貢〔註九〕。其所派使臣中，最為著名者，當推鄭和之七下西洋，足跡所及，竟達二十餘國。在當時海上交通狀況之下，此實可謂為空前未有之創舉。由此可知其時政府對海外事業之注重。其雖無獎勵移民國外之明文，但其時人民出洋不受政府干涉，當係極可能之事。其後倭寇屢擾沿海各省，且沿海之盜又常與之勾通，因此政府為防止倭寇侵擾氣焰之擴大起見，對於人民出洋，亦因以隨之漠視矣。當倭寇侵擾沿海各省時，政府對於移民之漠視情形，不難於萬曆二十一年，即一五九三年，菲律賓總督郎雷氏敝裏系勝（Gomez Perez Dasmarinas）為中國移民所殺，其子致書中國政府申寃，閩撫許孚遠復書，指當時在外移民之口吻中見之。其復書云：『我民往販呂宋，中多無賴之徒，因而流落彼地，不下萬人。』〔註一〇〕又如御史溫純疏云：『不過假借朝命，闌出禁物，勾引諸蕃，以逞不軌之謀，豈止煩擾公私，貽害海澄一邑而已哉？昔年倭患，正緣奸民下海，私通大姓，設計勒價，致倭賊恨，甚稱兵犯順。今朝命行之，害當瀰大，及乎兵連禍結，諸奸謀效汪直、曾一本輩，故智負海稱王，擁兵列寨，近可以規重利，遠不失為尉佗，於諸亡命之計得矣。如國家之大患何？』

【註一一】再一六〇三年西人屠殺菲島華人後，於翌年遣甲必丹葛發（Captain Marco de le Gueva），篤迷尼康甘都羅(Dominica Mys Gandullo)至澳門通知葡萄牙守使殺戮華人事萬曆大帝亦謂：『被殺者乃係拋棄鄉里，以牟利為目的之賤民。』〔註一二〕

清代政府對於海外移民所取之政策，可分為前後二期。前期政策，仍屬閉關自守之上國自尊觀念，後期以經鴉片戰爭後，外交失敗，繼之因以轉入海禁開放之崇拜外人時期。

清初入關，統一中國，明代遺老如鄭成功輩，流亡海外，屢圖抗清，以故康、雍、乾諸朝，為防此患，乃採行嚴格禁止移民海外政策，規定：『凡國人在蕃託故不歸，復偷漏私回者，一經拿獲，即行正法。』『凡官吏士兵，私自與海外諸島交易，或出洋者，亦以反叛通敵論罪，與犯罪者同謀之地方官吏，亦同科刑。』此項規定，專為『反叛』『通敵』而設，不言可知。其對出洋移民取締之嚴格，實可於前項明文中證之無遺矣。清初取締國外移民之律例，至為繁雜，其最具體者，當推大清律例中之私自出外境及違禁下海節。該律例原多本之於明初私自出外境及違禁下海條，惟其內容更為嚴厲具體耳。如私自出外境及違禁下海節之條文，開宗名義第一章即規定：『凡官員兵民私自出海貿易，及遷海島居住耕種者，均以通賊論處斬。州縣同謀故縱處斬。失察革職，永不敍用。道府降三級調用。總轄文武之總督降二級留任。不管兵馬之巡撫降一級留任。拿獲者均免議。拿獲別出界奸民十名以上，紀錄一次，百名以上，加一級。如知情隱匿，守口官革職提問。道府降三級調用。總督降二級留任。巡撫降一級留任。出界曬鹽者，亦照此例議處。其船隻經過，及買賣貨物之地方官放縱，均革職。』〔註一三〕『其通商歸市漏稅，及私往外國交易者，罪之。』其取締禁止人民移往國外之嚴格，已為歷代政府所未有。而三藩亂後，政府取締國外移民之禁令更嚴，非獨對已移至國外，及圖往國外者予以嚴禁取締，且規定凡沿海五十里之地區，均不准人民居住，根本剷除人民移往國外之機會，使人民與海岸隔離。其時政府一方面除積極厲行阻止人民出國外，另一方面又對人民移往海外年久者，亦百般設法盡量予以摧殘。如康熙五十一年，卽一七一二年上諭，關於禁止南洋貿易一案，經九卿決議：『凡出洋久留者，該督行文外國，將留下之人令其解回立斬。』〔註一四〕此種決議雖等具文，行之未必見效，然其使移民不得在海外安居之用意，亦足證當時政府對移民取締之力矣。其後明代流亡海外臣民抗清力量稍殺，三藩之亂敉平，因以取締移民之法令實施，亦漸鬆弛。政府對於人民外移，亦予以短期出國之機會，不若以往之不分性別老幼，概予以取締矣。如雍正五年，卽一七二七年上諭，明白規定：『朕思此等貿易外洋者，多係不安本分之人，若聽其去來任意，不論年月久遠，伊等益無顧忌，輕其鄉而飄流外國者益衆矣。嗣後應定限期，若逾限不回，是其人甘心流移外方，無可憫惜。朕意不許令其復回內地。』〔註一五〕在此項條文內容中，可窺知當時政府已准許移民回國，祇對於圖出國人民，仍取嚴禁政策耳。翌年，雍正六年，卽一七二八年，對於嚴禁未經准許出國移民歸國之上諭云：『出洋之人，陸續反掉，而彼地存留不歸者，比甘心異域，違禁偷往之人，不准回籍。』〔註一六〕政府既取締未經准許出國之移民回國，其對人民出國之禁止，無形間已含蓄於其間矣。

政府既厲行取締未經准許出國之移民歸國，人民豈敢擅行出國耶？乾隆時代，可謂爲清代鼎盛已達最高峯，故其對移民取締亦較前略爲和緩。然其漠視移民事業，仍如康雍時代。不過，其時台灣平定已久，對於已經移至海外之人民，得准許回國耳。如乾隆元年令云：『凡在番居住閩人，實係在康熙五十六年（卽一七一七年）以前出洋者，令各船戶出具保結，准其搭船回籍，交地方官給伊親族領回，取具保結存案。』〔註一七〕此項政令，若與康熙年間之禁例相較，實有天壤之別矣。惟其對私自出洋者，仍採取嚴禁政策耳。至其輕視移民之程度，可於一七四〇年荷印中國移民被屠殺一案策楞之奏章內容中見之。其奏章云：『被害漢人，久居番地，屢邀寬宥之恩，而自棄王化，按之國法，皆干嚴譴，今被戕殺數多人，事屬可傷，實則孽由自作！』對此案，乾隆帝亦言：『天朝棄民，不惜背祖宗廬墓，出洋謀利，朝廷概不聞問云。』〔註一八〕以此，即可知其時政府對移民漠視之一般矣。其後中美訂立天津條約時，美國全權列威廉(William B. Reed)之代表杜普(Captain Dupont)與直隸總督譚廷襄談話之情形，亦表露其時輕視移民之態度無遺也。其談話情形如下：〔註一九〕

杜普：中國應派領事赴美，以便照料中國移民。

總督：敝國習慣，向不遣使國外。

杜普：但貴國人民在太平洋沿岸者，人數甚多，不下數十萬。

總督：敝國大皇帝撫有萬民，何暇顧及此區區飄流外國之浪民。

杜普：此等華人，在敝國開掘金礦，頗有富有者，似頗有保護之價值。

總督：敝國大皇帝之富，不可數計，何暇與此類游民計及錙銖？

〔註一〕見南洋年鑑。〔註二〕見前註同書。〔註三〕當時所謂朝貢，一方面固可謂政治力量發展之表徵，其實所謂朝貢，亦僅爲變相之一種國際貿易。如馬端臨文獻通考云：『島夷朝貢，不過利於互市賜予，豈其慕義而來。』此誠爲『陽託入貢之名，陰行貿易之實。』〔註四〕見粵海關志卷二引宋會要。〔註五〕見通考。〔註六〕見洪武二年編皇明祖訓。〔註七〕見皇明世法錄卷七十五。〔註八〕見大明實錄，永樂元年。〔註九〕見張燮著東西洋考卷五。〔註一〇〕見木爾加著菲島卷三四三七—二二〇頁及二三一—二三四頁。（Antonio de

Morga: The Philippine Islands, Vol. XXXIX PP. 217—220, 231—247). 〔註一一〕萬曆三十年即一六〇二年，有閻應龍，張嶷上疏謂『呂宋有機易山（Cavite），其上金豆自生，遣人採取之，歲金可得十萬兩，銀可得三十萬兩。』帝納之，溫純上書力陳其謬，帝不聽，竟至釀成西人殺戮菲島中國移民之禍。〔註一二〕見明史。〔註一三〕見大清律例全纂卷二十，兵律關津，私出外境及違禁下海節一頁。〔註一四〕見皇朝通典卷八十，刑制。〔註一五〕見前註同書。〔註一六〕見大清律例全纂卷二十，兵律關津，私出外境及違禁下海節一一頁。〔註一七〕見前註同書。〔註一八〕見陳里特著：歐洲華僑生活緒言。〔註一九〕見前註同書。

三　崇拜外人時期

中國歷代政府在閉關自守狀況之下，以上國自尊所採行之移民政策，已如前述。至十九世紀中葉，國際形勢丕然大變，中國政府經一八四〇年至一八四二年鴉片戰爭敗北以後，中國政府自知一貫相承之閉關自尊觀念難復保持，乃一變而爲崇拜外人矣。舉凡外國政府與人民有所要求，中國政府祇有唯命是聽，雖遇有交涉，亦每因迫於外國勢力，無可奈何。以故外國政府與人民往往以中國政府無能可欺，或先製造既成事實，強迫承諾，或強制執行，不顧中國政府之抗議。在此種情勢之下，政府對移民問題，亦無法貫徹以往嚴禁取締政策，不得不被動承諾人民自由出洋之原則。當中國於鴉片戰爭敗北之後，適爲歐人移民勢力膨脹之時，其一切新發現及新佔領土地之墾拓建設，均需有大量具有忍苦耐勞特性之勞工。而中國人民非獨工資低廉，且不受區域地理氣候寒暑之限制，統能適應環境，勝任工作。因此不顧中國政府之移民政策如何，亦不顧中國政府承諾與否，採取自由行動，擅在中國沿海各地強迫招工，中國政府亦無可奈何。譬如一八五九年，英國在南美之屬地圭阿那，需要大量勞工墾拓荒地甚亟，乃派員來華招募，其時中英兩國，尚在戰爭狀態中也。〔註一〕但廣東巡撫柏貴及其繼任巡撫勞崇光〔註二〕等卒以目睹閉關自尊，禁止移民之政策難以久持，乃明令准許人民有自由移往權利之事實。〔註三〕此爲清代官吏明令准許人民得移往國外之嚆矢。實亦爲改變禁止國外移民政策爲自由移民政策之先聲。至於清代准許人民自由移往國外見之於與外國政府所訂條約者，亦始於明令准許人民自由移至外國之同時。當一八五八年天津條約訂立之後，於一八六〇年訂立之續約第五款內規定有：『戊午年（一八五八年）定約互換以後，大清皇帝允於即日降諭各省督撫大吏，以凡有華民情甘出口，或在英國所屬各處，或在外洋別地承工，俱難與英民立約爲憑，無論單身或願攜帶家屬，一併赴通商各口下英國船隻，毫無禁阻。該省大吏亦宜時與大英欽差大臣查照各地方情形，會定章程，爲保全前項華工之意。』〔註四〕此爲清代政府與外國政府訂約正式准許移民之首次。其後英法政府又於一八六六年三月五日，根據前訂續約第五款，提出關於包括招工契約有效期間，地點，川資，工作，時間，醫藥，安家等具體辦法之移民公約，但因當時清政府爲英法政府所提上項辦法發表聲明數點，未獲英法政府同意，拒絕簽字。翌年，即一八六七年底，英法政府又提出國際移民公約草案二十三款，以替代爲清政府所拒絕簽字之前項辦法，但未獲清政府同意，不予簽字。清政府仍以一八六六年三月，經片面簽字者爲有效，當作移民之法律。此爲清代在崇拜外人時代被迫採取自由移民政策之大略情形。

清代中葉以後，中國關係益形複雜，有識之士，賢明大吏，尤以與外國時相接觸之官員，認爲潮流所趨，中國海外移民，決非採取自由政策不可，對於已移在海外之移民，亦竭力主張設法保護。如光緒元年即一八七五年，閩督沈葆楨之積極經營墾殖台灣後山地曠土，一切規則，均因時變通以招工人，並奏請朝廷，將以往『不准內地人民渡台各例禁着悉予開除。』〔註五〕又如駐英使臣薛福成爲主張保護海外移民，於光緒十九年，即一八九三年，洋洋萬言奏請朝廷，其奏云：

『臣於光緒十七年奏派道員黃遵憲，爲新加坡總領事官，屬令到任後，詳察流寓華民情形，覈實稟報。茲據稱：「南洋各島華民不下百餘萬人，約計沿海貿易落地產業所有利權，歐洲、阿剌伯、巫來人各居十之一，而華人乃占十之七，華人中如廣、瓊、惠、嘉各籍，約居七之二，粵之潮州，閩之漳、泉，乃占七之五。粵人多來往自如，潮州則去留各半。閩人最稱殷富，惟土著多而流寓少，皆置田園，長子孫，雖居外洋已百餘年，正朔服色，仍守華風，婚、喪、賓、祭，亦沿舊俗。近年各省籌振籌防，多捐鉅款，競邀封銜翎頂，以誌榮章，觀其拳拳本國之心，知聖澤之浹洽者深矣。惟籌及歸計，則皆蹙額相告，以爲官長之查究，胥吏之侵擾，宗黨鄰里之訛索，種種貽累，不可勝言。凡挾資回國之人，有指爲逋盜者，有斥爲通番者，有謂爲偷運軍火，接濟海盜者，有謂其販賣豬仔，要結洋匪者，有強取其箱篋，肆行瓜分者，有拆毀其屋宇，不許建造者，有僞造積年契券，藉索逋欠者。海外羈氓，孤行孑立，一遭誣陷，控訴無門，因是不欲回國。間有以商賈至者，不稱英人，則稱荷人，反倚勢挾威，干犯法紀，地方有司，莫敢誰何。今欲掃除積弊，必當大張曉諭，申明舊例既停，新章早定，俾民間耳目一新，庶有裨益。」蓋黃遵憲體察既深，見聞較熟，故言之詳切如此。』

『臣竊惟保富之法，肇於周官，懷遠之謨，陳於管子。民性何常，惟能安彼身家者是趨，是附。中國出洋之民，數百萬，粵人以傭工爲較多，其俗雖賤，視之尚能聽其自便，衣食之外，頗積餘財，至今濱海郡縣，稍稱殷阜，未始不藉乎此。閩人多富商鉅賈，其俗則待之甚苛，拒之過峻，往往擁貲百萬，羈棲海外，十無一還，而華民非無依戀故土之思也。國家亦本非行驅禁之政也，特以約章初立之時，未及廣佈明文，家諭戶曉，遂使累朝深仁厚意，澤不及下究，化不遠被，奸胥劣紳，且得窺其罅，以滋擾累，爲淵敺魚，爲叢敺爵，甚非計也。夫英荷諸國，招致華民，闢荒島爲巨埠，是彼能借資於我也。華民擅幹才，操利柄，不思聯爲指臂，又從而擯絕之，是我不能借資於彼也。及今而早爲之圖，尙可收桑榆之效，及今而不爲之計，必至憂杼柚之空！』〔註六〕

清政府自經薛福成奏後，大爲感動，乃諭：『外洋僑民，聽其歸里，嚴禁族鄰訛索，胥吏侵擾。』自此政府對移民之態度爲之一變，漸予重視。當一八六九年中英天津條約續約訂立，其第二條內原載明『中國得派遣領事分駐於英屬各地，受最優等待遇』之條文，但因未經批准之故，延未派遣使臣。至一八七六年，中英烟臺條約訂立，又有關於中國得設領事駐英屬各地之條文，至此清政府始感派遣使臣已有事實上之必要，故於約中聲明，中國願派員出使之舉。於一八七七年一月，設使館於倫敦，是爲中國設立使館之始。同年，駐英公使郭松燾奉旨兼使英法。十月，設公使館於華盛頓，由陳蘭彬兼任美西公使。十一月二十八日，設使館於柏林（Berlin）。一八七八年，何如璋使日本。翌年一月，崇厚使俄。在中外互換使臣條約訂立以前，清政府曾於一七三三年一度遣使至俄。一八六六年，乘中國稅務司英人赫德(Robert Hart)請假回國之機會，中國政府派滿籍大員斌椿偕往，視察歐洲外交。歷倫敦，哥本哈根，斯德哥爾摩，聖彼得堡，不魯捨爾，巴黎等地而返。一八六六年二月，清政府又派漢籍大臣孫家穀，滿籍大臣志剛爲全權大使，隨美國卸任公使蒲安臣（Anson Burlingame）經三藩市，華盛頓，倫敦，斯德哥爾摩，海牙，柏林，聖彼得堡，不魯捨爾，羅馬等地，取道蘇彝士運河回國，是爲中國政府在正式派遣使臣前之準備。初時，外國政府因求與中國通商，希望互換使節，中國政府仍以上國自尊心理，對外國政府互換使節之希望，多所忽視，及至中國政府深感辦理外交商務，保僑等有派遣使領之必要時，各國政府往往以此為奇貨可居，紛紛又以准許互換使節須得其他利益之交換條件為要挾，力加阻撓。如一八七六年，清政府向英國政府提出設立新加坡總領事館時，經多次交涉以後，始得於翌年開始籌備，此為中國在國外正式設領之始。其後，為設立駐菲律賓領事館，亦與美國經多次交涉後，始獲如願。一九〇九年，清政府向荷蘭政府交涉在巴達維亞設立領事館時，荷蘭政府更以中國移民國籍問題之解決，為准許設領之交換條件。〔註七〕總之，此時清政府在崇拜外人觀念之下，開始注重移民事業，以保護移民利益為政策。惜其時政府昏昧無知，政治腐敗，行之不得其法，徒有保護移民之名而已。其除設領護僑外，清政府又於光緒十三年，即一八八七年，派廣東提督王榮和出使南洋，視察移民實況。光緒三十年，即一九〇四年，又派遣農工商部侍郎楊士琦，慰問英、法、荷屬殖民地之中國移民。在此時期內，總算採行保護移民政策。

〔註一〕咸豐初年時，以英、法聯軍之役，西人稱之為亞羅之戰（Arrow War 1858—1861）。〔註二〕柏貴任期，為一八五二年至一八五九年。勞崇光任期，為一八五九年起，在一八五八年一月至一八六一年四月期間，兩廣總督葉名琛被俘，廣州實際上已被英法聯軍所佔領。廣州行政，由英國領事巴夏禮（Henry Parkes）掌握統治。英移民局總辦奧斯丁（G. G. Hustin），於一八五九年抵廣州，以巴夏禮之斡旋，得中國當局同意，允許華工自由出洋。一八五九年四月六日，由番禺，南海兩縣會銜佈告，由中國官廳監督，始准許人民出洋，廣東巡撫柏貴始允許，一八五九年十二月二十八日，繼任廣東巡撫兼署兩廣總督勞崇光佈告英國委員，在廣東所設立之招工局，由中西官吏監督，許可人民報告出洋。〔註三〕見馬亨著：國外華人一一四—一一六頁。(H. F. Machair: The Chinese Abrood PP. 114—116). 〔註四〕

見于能模等編中外條約彙編中英天津條約續約第五款，一二頁。（商務印書館出版。）〔註五〕見東華續錄光緒朝第一卷一四頁。〔註六〕見薛福成著出使奏疏卷下六—八頁。〔註七〕見南洋年鑑中國爲在巴達維亞設領問題，曾爲荷政府所拒絕，蓋其希望以設領要求承認中國移民屬地主義之國籍（Jus Soil）。經多次之交涉後，始得設立。

四　自立自強初期

辛亥鼎革，民國肇建，全國上下，以海外移民輸財輸力，對於革命之勛勞特著，因以在一九一二年八月十日所公佈之臨時約法中規定，國外移民有參政之權利，得選參議員六人，參預國務之討論。〔註一〕其後北京政府時代，政府以籌款募債，仰仗於國外移民者特多，亦於一九一七年時，政府爲參加歐戰，派遣華工赴英、美、俄等協助戰時後方勤務，以人數甚衆，爲管理上之需要，設置僑工局，〔註二〕辦理海外一切僑務事宜，此爲中國政府爲移民事業設置專門機構之始。不幸該局雖曾一度辦理僑民登記，然有名無實，曇花一現，又告不壽而終！中國國民黨於民國十三年改組之後，乃決定在中央執行委員會之下，設置海外部，專司海外移民間之黨務工作。民國十七年該部改爲僑務委員會。〔註三〕不久五院成立，在行政院之下，設置僑務委員會，專門辦理僑民事務，原設中央執行委員會下之僑務委員會，改稱爲海外黨務委員會，〔註四〕仍司黨務工作。並在中央組織委員會之下，加設海外組織科，旋改爲海外黨務科。中國國民黨第五次全國代表大會，又決議將組織委員會改稱組織部，將海外黨務科，擴大組織，改爲海外黨務處，〔註五〕仍負海外黨務組織指導責任。民國二十七年，中國國民黨臨時全國代表大會決議，又將海外黨務委員會，合組織部之海外黨務處撤消，另設一海外部。自國民政府成立以後，舉凡黨務，政務等有關全國性質之代表大會，均定有移民代表名額。〔註六〕在此時期內，無論政府及人民，對於國外移民，已由注意而轉入愛護階段。惟移民政策尙付缺如耳。自民國二十六年中日戰爭軍興，以後全國政府與人民，均以自立自強之精神，堅苦卓絕，以求中華民族之復興，以往上國自尊之觀念既不殘存，完全崇拜外人心理亦經消除，故在自強不息原則之下，於一九四二年中國國民黨中央執行委員會第十次全體委員會議時，通過確立僑務政策〔註七〕。翌年三月，僑務委員會邀請專家二十餘人，組織戰後華僑復員會議，研究移民政策問題。一九四四年五月，該會議改組爲正式機構，稱戰後僑務復員籌劃委員會，由僑務委員會副委員長周啓剛氏担任主任委員，參預該會者，多爲有關機關之代表及專家三十餘人組成。現正在積極研究移民政策中，深盼能於中華民族復興期中，以自立自強之精神，於最近期內，產生適合世界潮流，合於民族國家需要之新移民政策，使中國移民事業前途，得與世界各國的移民合流，促進人類間大同世界目的之實現。

〔註一〕見中華民國臨時約法。〔註二〕見陳里特著：歐洲華僑生活。〔註三〕民國十三年，中國國民黨第一次全國代表大會所決議設立之海外部，係經民國十七年第三次全國代表大會決議撤消。〔註四〕中央海外黨務委員會，於中國國民黨第四次全國代表大會決議改組。〔註五〕見中國國民黨第五次全國代表大會紀錄。〔註六〕中國國民黨每次舉行全國代表大會，均規定有海外僑民代表名額。民國十九年所召開之國民會議，規定有僑民代表名額。民國二十五年，國民代表大會選舉法內規定有海外華僑代表。立法院所公佈之中華民國憲法草案，規定有海外僑民代表。中日戰爭起後，所成立之歷屆參政會，均有海外僑民代表充任參政員，出席參政會。〔註七〕見中國國民黨中央執行委員會第十次全體委員會議紀錄（中央祕書處編印。）

史訓篇

一　慘案

在人類歷史發展過程中，往往發生若干事物出於歷史正軌以外之錯誤，移民事業亦然。美國羅斯福總統，爲取消限制華人移民法案咨文國會時稱『過去限制華人移民法案之產生係屬於移民歷史之錯誤』〔註一〕，此種歸罪歷史錯誤之精神，確不失今日國際大政治家之風度。回顧中國數千年來海外移民之深長歷史錯誤累累，今日爲人類檢討歷史千載一時之機會，用舉其中之犖犖大者數端，爲今後中國海外移民事業進行繼往開來前車之鑒！

中國海外移民歷史中，慘案發生之犖犖大者，當推菲列賓慘案發生爲最早，其規模亦最大。考慘案發生之先，於一五九〇年，即明萬曆十八年，在摩鹿加（Molucca）之蕭島（Siao）酋長不勝荷蘭人之侵擾，遣使至馬尼剌（Manila）願臣服於西班牙。西總督郎雷氏敝裏系勝，乃於一五九三年即明萬曆二十一年十月六日率戰艦一、大木艦一、小艇百艘，載西班牙人百名，菲人一千四百名，華人二百五十名前往，以華人司駕駛大木艦之職，派華人高宵任把總，魏惟禿，楊安頓，潘和五，洪亨五爲哨官，鄭振岳爲通事。總督乘大木艦先行，約期在馬兒加鑾羣島（Maricaban Is.），與其他艦艇會合。總督因貪趕航程，力迫華人日夜駕駛，不予休息，每遇稍有不遂，動輒鞭撻，一切生活虐待備至。因此華人懷恨在心，陰謀報復。華人哨官中，有潘和五其人者，憤然與其他華人建議曰：『吾等叛死，笞死，同爲死耳，否則，亦且爲西人當炮灰，亦必戰死，曷若刺殺西人，勝利，揚帆回國，不勝，則見縛死未晚也。』衆然其言。於船行抵馬兒羣島北端之萬門灣（Punta de Ajufre）海面，乘午夜西人熟睡之機會，羣起舉事。結果除西兵十八人泅水逃逸生還者外，悉被屠殺。總督亦於夢中驚醒後遇害。潘和五等於事成之後，盡收西人之金、銀、珠、寶、甲、杖，駛舟返國。其中除失路之廣南爲安南人所擄外，郭惟太等三十二人得安全返國。西人征蕭島之議因斯事發生而中輟，所餘艦艇，亦悉停宿霧，不再前進。〔註二〕事後，郎氏之子郎雷氏貓吝（Luis Perez Dasmannas）繼任總督，雖曾遣教士至閩爲父伸冤，但閩撫許孚遠具疏謂：『我民往販呂宋，中多無賴之徒，因而流落彼地，不下萬人。番酋築蓋鋪舍，聚創一街，名爲澗內，受彼節制，已非一日。去秋，彼酋抽取我民二百餘人爲兵，刑殺慘急，遂至激成此變。夫以番夷犬狼之性，輕動干戈，不戰自焚，固其自取，而殺其酋長，奪其寶貨，逃之安南，我民狠毒亦已甚矣！』〔註三〕云云。明帝乃檄兩廣督臣，以禮遣西教士回國，置郭惟太等於理。潘和五遂留安南不返。此爲菲島慘案發生以前之事。菲島以地理環境關係，在西人佔領該島以前，中國移民往來菲島經營海上貿易，獲利倍蓰者，爲數已至衆。當一五六五年西班牙人佔領菲島時，中國移民早已樹立經濟基礎於其地。西人佔領菲島之後，目擊中國移民勢力之大，已不無戒心，而此時中國移民源源而往者，爲數更衆，因以更使西人心存嫉妬，坐臥不安。此外，在一五七四年時，又有林鳳其人者，率艦六十二艘，水陸軍二千人，婦女一千五百名，由澎湖出發攻菲，使西人仇視華人益甚。故其爲預防中國移民動亂起見，特於一五八〇年，卽萬曆八年，在馬尼剌建一大廈，名曰澗內（Allayceria）遷中國移民居留其內，並規定中國移民日間在城外貿易，夜間住宿其內，以集中管理辦法，防範中國移民。且在澗內專設屬官（Bailiff），不時派兵查察。至一五八八年，卽萬曆十六年，中國移民之人數增加更速，竟達萬人。至一五九〇年，卽萬曆十八年，郎雷氏徹裏系勝總督，以中國移民人數增加不已，曾有驅逐中國移民之議。但爲主敎沙撈撒反對，未果施行。迨至一六〇二年，卽萬歷三十年，會有閻應龍，張嶷其人，異想天開，虛構事實，上書明廷，聲言：『呂宋有機易山（Cavite），山上有金豆自生，遣人採去之，歲可得金十萬兩，銀三十萬兩。』廷臣御史溫純雖上書力闢其謬，卒爲帝所聽。詔命海澄丞王時和，百戶于一成，偕張嶷往勘，抵馬尼刺西督亞加納（Tonas de Acuna）遣敎士迎之，諭及金礦事，乃問丞曰：『汝等言開山，山各有主，安得開也？譬如中國有山，可容我國開耶？且金豆是何樹生來？』丞無以對，嶷則曰：『此地皆金，不必問豆所自。』以是，西人以此語爲明廷蓄有侵菲之意，且疑明廷所派遣三人來呂宋，係爲探聽虛實者。採金不過爲託詞耳。因此西政府官吏，惶惶守備，土人亦羣起武裝以保衞，此皆爲慘案造成之前因。至一六〇三年，謠言益熾。西人並疑中國移民爲內應之間諜，共謀菲島。於是，有屠盡中國移民之說發生，羣情惶惶，不可終日，慘案之起，已有一觸卽發之勢。會其時，中國移民中，有富翁英乾其人，原爲林鳳所屬之小頭目。〔註四〕於林鳳襲菲島時落伍留菲島而致富於馬尼拉者，其於致富之後，圖樂晚年，乃築石室一座以居，巍峨壯觀，令人側目。中國移民，往還於其室者，多係顯赫富翁紳士之流。西人對於中國移民之日常生活，習慣，風俗，語言，多屬膈膜，會見英乾石室經營，疑慮更甚。當卽偵騎四出，採聽英乾之所爲，得知英乾係林鳳之餘黨，以是認爲石室爲起事之唯一機關，以石室爲間諜及火藥物品等危險武器貯藏之所。於是，西人以在美洲殺戮印第安人之方式，下令屠盡中國移民，而中國移民，亦羣起自衞，亦於八月三日，卽法蘭西斯節日（Saint Francisday），在唐杜（Tando），溪泊（Quiapo）兩地，聚衆焚市，殺人亦多。事變既起，總督郎雷貓吝，率武器精良之西兵一百三十人，及兵艦多艘，不分老弱，盡行殺戮。是役，中國移民之被殺者，達二萬四千餘人，幸免罹難者，僅五百人得逃遁深山耳！此爲中國移民在菲島所發生第一次慘案之經過大略情形。〔註五〕此案結束不久以後中國人民以利之所在，復源源而往。一六二〇年，即泰昌元年西人以中國移民來菲者人數日衆，乃限制中國移民在馬尼剌不得過六千人，且須限於信奉天主敎者，其後，又令中國移民每人繳納居留稅六十四里爾，貢金五十里爾，房稅十二里爾，限制雖嚴而西班牙官吏貪圖財貨，時受中國移民賄賂，仍得居留其地者日衆。不久以後馬尼剌中國移民事業之繁盛復成舊觀，西班牙人民與政府嫉視中國移民之心又起。會一六三九年，即崇禎十二年，有中國移民大商船兩艘，內滿載自華運往之貨物，駛至呂宋島北岸嘉牙因(Cagayan)海面，西人擊沉之，及與交涉，西人以該商船自行觸礁沉歿爲辭，置之不理，然多數中國移民之財產，悉寄於此也。船中貨物既沉，貿易因以阻滯，中國移民心中不無憤慨與懷恨，而平日西人又時肆淫威凌虐備至。其時，菲督呵韮迎(Hurtado de Corcuera)，又強迫中國移民至加拉巴(Calamba)作工，以及進貢納餉等，如稍有遲誤者，責罰隨之，各種兇惡苛待，甚於豺狼虎豹！以是中國移民怨聲載道，憤慨懷恨交集，乃羣起謀殺在加拉巴西班牙之官吏，馬尼剌各邑亦隨聲附和。西人乃以其犀利武器任意屠殺，不分良莠，一年間計被殺之中國移民，達二萬有幾，毀財產七百餘萬比沙！得幸免於難者，僅七千人！一六六〇年，鄭成功逐荷人，領臺灣，遺義大利人利支西阿(Victoria Riccio)使馬尼剌，西人優待之，中國移民久在西人壓迫之下，苦不堪言，聞鄭氏領臺灣，喜不自勝，得意之狀，見之於言表。西人見中國移民之狀，暗中招集騎兵一百名，步兵八千名礮台軍械佈置周密，乃設法鼓動中國移民倡亂，以爲殺戮之藉詞，因以拘捕中國船主二人，中國移民聞之大憤，殺西人一人於市，澗內火起，秩序大亂，中國移民中有以事起倉卒，竟有自縊而死者，有乘小舟逃亡入海被溺斃者，亦有逃入深山者，所餘僅八千人留居不動，以待西兵之襲擊。案發之初，中國移民頗佔優勢，馬尼刺總督乃遣利支西阿與若瑟夫（Elay Joseph de Maridid）前往調和，允還中國二船主，中國移民留若瑟夫爲質，於調處之間，若瑟夫忽被害，因以事變益形擴大。中國移民屢戰不屈，卒以彈盡援絕，被殺過半！西人原擬於此役屠盡中國移民，嗣慮菲島商業，不可一日缺乏中國移民，乃令殘餘之少數中國移民解除武裝，其事始寢。［註六］鄭成功在臺灣聞訊，雖有征菲之議，終不果而卒。一七五五年時，西政府又有下令驅逐不信敎之中國移民出境之舉，凡被逐者二千〇七十人。一七五六年，歐洲七年戰爭爆發，西人乘機在：『本省之華人反抗西政府，凡遇者格殺勿論！』命令之下，不分良莠老弱，被殺死難者，亦達六千人之衆！此爲中國移民在菲島一而再，再而三，三而四，繼續不斷發生慘案之略情。

在中國海外移民史發展過程中，慘案發生規模之最大者，除菲島外，尙有爪哇巴達維亞之役。當荷人於一六一九年，佔領巴達維亞之初，以該地人口稀少，運用種種方法，強迫華人移往其地。然爲數不衆，僅一百數十家而已。翌年，即一六二〇年，任中國移民蘇明光爲甲必丹，以招徠華人。一六四一年，明亡以後，明代遺民亡命海外者甚衆。至一七二〇年時，巴達維亞市內驟增至六萬人，市外亦達四萬人，僑寓市內者多係富商鉅賈，寓市外者，多爲小販，尤以胡椒一項之實業，掌握於中國移民之手。在島外之中國移民，經營荷人專利事業者爲數亦衆。荷人視該地中國移民勢力之雄偉，不無心懷嫉視，因以開始改變其招致中國移民之政策，爲限制中國移民政策。當政策初變之日，僅訂新例以制而已。如禁設飲食店於路旁，以及隨意流動叫賣於村外，無業遊民須報告官吏，將其遣送一部份回國，一部份流放於錫蘭及南非好望角。然中國移民因新例之實行，失業者倍於往日。荷人又以此種限制，尙感不足以制中國移民之發展，更發行所謂『大字』之入境許可證，藉以管制中國移民之入境，東印度公司更視此『大字』爲奇貨可居，索賄舞弊，均以發給『大字』爲發財之唯一工具。凡中國移民之請領『大字』者，往往准其所不應准，不准其應准。除應徵款項正額之外，又課以特稅。因此中國移民均憤憤不平，懷恨殊甚！而荷人亦感積弊既成，取締不易。凡此種種，均爲後日慘案發生之前因，亦卽爲未來慘案之醞釀也。一七四〇年七月二十五日，荷印總督阿盧安伴吉年（Adrian Valkenier）與參事伴熊木（Van Imhoff）會議結果，決議：凡中國移民之貧苦者，盡行移送錫蘭，其費用由公司墊付，於移抵錫蘭開始工作後，於其工資內扣回。此種決議之命令，由總督嚴飭甲必丹通告中國移民週知。但中國移民，無一人自願遵令移往者。甲必丹對此案之執行亦不力。於是伴熊木乃詢中國移民之貧苦者，係着何種服裝？有答之以烏衫褲者，伴熊木乃下令逮捕所有着烏衫褲之中國移民。荷人此舉，原不致發生流血慘案，充其量亦僅使中國移居之不安，搔動社會一時耳。不幸執行命令之荷人，藉此發洩其平日嫉視中國移民之積憤，並不以烏衫褲爲標準，不分貧富，雖在中國移民中有地位聲望者，亦予拘捕，不能倖免。以是中國移民人人自危，均有朝不保夕之感，人心惶惶，悉驚懼萬狀。而荷人竟將被捕者於十月九日押解上船，以後萬端虐待，稍有拒抗，卽誣爲謀叛，鞭撻馳驟，無以復加。結果除捆綁而投諸海及毆擊而死者外，其餘亦盡行投之於海，其慘無人道之此種行爲，實令人髮指！荷人當時以爲此種慘無人道之行爲，不爲留巴達維亞移民所知，不意被投海中之華人中，有善於泅水者，或泅回登陸，或爲民船所救，潛返巴城，將遇難經過，哭訴於中國移民之前。於是中國移民聞訊大嘩，人人益感自危，咸認荷人此種毒辣手段與陰謀，勢必擴大，或竟屠盡華人，掩滅蹤跡，竊竊私議，悉以：『與其坐而待斃，莫若起而作難，庶幾死中求生。』意見紛紜，久議不決，其中亦有懼禍圖逃至甘打利亞（Gandaria）者，伴熊木又遣士兵追之，中國移民在驚惶逃難中，偶有動作較遲走脫不及者，不得不作困獸之鬥。搏鬬既起，互有傷亡，結果罹難之中國移民之被殺者，爲數至衆。被擒者，亦不下數百人，均繫之於獄。因此輿論大嘩，謠言益盛。於是中國移民連環、林楚〔註七〕聚衆計議，圖以先發制人，分别製定紅白兩色符號，約期自衞。不意林楚得荷人八十荷幣之賄，及其他賞賜，竟將自衞之消息洩漏於荷人。伴熊木乃下令：『凡安分華人閉門家居，切勿夜出，恐巡夜兵誤傷平民。』會十月十七日，中國移民住宅區失火，〔註八〕荷人乃信口雌黃，揑造是非，嫁禍於華人，以中國移民將有不法行爲，危害歐人爲藉口，派遣大隊士兵，由舟登陸，荷槍實彈，儼臨大敵。於是連環等見狀，起而自衞，將中國移民作臨時集合，組成三隊，行攻巴城：（一）由丁脚蘭之衆，攻文登墟礮臺。（二）由望加寺之衆，攻荷蘭營。（三）得勝之兵，合攻巴城。慘案遂起。十月十九日，即陰歷八月十八日，攻擊開始，望加寺之三百人，於攻荷蘭營時，被槍礮擊斃二百餘人，僅留七十人逃入黃班塞中。黃班原擬率衆攻巴城東門，尚未至，丁脚蘭之衆，攻文登城亦不克，因以恐失約期，會衆從洪河直下，軍勢浩蕩，與其他華人會合，共攻小南門。此時荷大兵亦至，混戰良久。下午，伴熊木令人出西門，諭城外土人羣起殺盡華人，當予重賞。番衆因以大隊來援。其時華人所用軍器，祇槍劍刀矛而已。其間，竟更有以竹縛豬刀爲武器者。以烏合之衆，當無紀律可言，何能與槍礮爲敵？其失敗自屬必然。荷人乃於攻守期中，逐戶拘執城內華人，不分男女老幼婦孺，盡行殺戮，無一倖免。號哭之聲，慘不忍聞。因是所有華人自知不免，羣起反抗，終以寡不敵衆，被殺殆盡！雖甲必丹連富光〔註九〕亦須奔至荷署求庇。城內華人被殺盡之日，血流成河，水爲之赤，至今中國移民稱該河爲『紅河』，以誌哀痛。城內華人雖已遭屠殺殆盡，而城外華人，仍圍攻巴城不已也。翌日，伴熊木更以礮彈轟平小南門外之地，凡在城內中國移民居住之街舍，亦全行搗毀，並縱火焚之，火光燭天，盡成爲瓦礫廢墟之場！伴熊木又親登城樓，發號施令，飭士人施行格殺勿論，且有殊償。華人在此前後夾攻中支持至二十二日，幾全部壯烈犧牲。合計前後被屠殺者凡九千餘人，得乘隙逃亡倖免者僅一百五十人而已。在巴城之中國移民，除甲必丹連富光，雷珍蘭黃咸，陳忠舍，武直，連蓮光及其家屬，悉降爲階下囚外，從此巴城內已無中國移民之足跡矣。在戰事正酣之時，黃班率衆正擬進攻東門時，忽聞華人大敗之訊，乃改守望加寺，逡巡不進，凡華人之敗逃者，悉歸之。荷兵得訊，集中火力猛攻，黃班力拒，相持不下，至晚各自收兵。翌晨再戰，荷兵死者數十，華人亦受傷數人。荷兵乃敗退，迨荷兵再度來攻，黃班已出走爪亞藍(Joana)。荷人又將所餘傷殘者盡戮之。黃班離巴城後，集合虎口餘生逃出之殘餘組合成隊，於南旺(Rembang)及爪亞藍地方，襲擊荷人，並乘勢攻三寶壠，暗中與爪哇馬達蘭姆(Madalam)國王巴古巫呵娜第二(Pakeo Boevana)聯合作戰，不意爪哇馬達蘭姆國王中途背約，反而爲虎作倀，亦隨荷人起而屠殺華人。在革兒昔一地(卽錦石)(Gresik)罹難之中國移民，達四百人〔註一〇〕至一七四二年慘案始告一段落。事後，荷人恐淸廷興師問罪，於翌年遣使奉書謝罪，其書內有：『事出萬不得已，以致累及無辜』云。

在中國移民歷史發展過程中，除菲律賓，巴達維亞二慘案外，尙有美國沙地黨(Sandlot)排華運動所促起之殺戮華人慘案。美國自蒲安臣與中國政府訂約獎勵中國工人移美後，中國在美之移民人數日增，尤以加省華工耐勞忍苦，工資低廉，多爲美人所樂僱用。因此，美國工人深爲仇視。會一八七七年，加省發生經濟恐慌，貿易不振，工廠倒閉，在此種不景氣狀態之下，華工更爲白種工人之眼中釘，敵視益甚。乃有奇尼亞者(Kearney)，聚衆演說，力主排華，以『黃禍』爲辭，使舊金山唐人街暴民橫行，拋磚擲石，乾唾熱罵，毆辱頻乘，掠劫相續，此種排華之風，日漸蔓延，波及全美，終至釀成維明省（Wyoming）及岩泉（Rock Springo）極殘酷之慘案。其始末經過，可於一八八五年九月二日維明省岩泉圍攻中國移民工人，並屠殺縱火時，該省省長向中央請兵彈壓之言中見之，其言云：『先是烏亭（Utruak），甘泉（Sweetwater）均有煤礦工人，聚集密議，定妥一切計劃，於九月二日糾衆數千人，明火持械，攻岩泉華工最多之村落，見人卽殺，見屋卽焚，華工手無寸鐵，祇能退避至鄰伊凡頓（Evanston）城。事後省政府至場檢查，槍死十六人，火中掘出五六十屍，不能掘者不知其數，家屋被焚被劫，逃身荒野者六七百人。暴徒聲言，犯則處死，城中亦人寡兵稀，故請速發兵維持秩序，事經二三月，流落華工，始得返居。』此外，中國移民在世界各地所遭遇慘殺之案件尚多，如一八五七年二月二十八日沙勞越事件，被殺千人。一八六一年一月澳洲弗拉（Lambing Flat）之變。一八八八年，雪利（Siale）公民大會攻擊及焚毀中國移民之居室商店。一九一八年卽民國七年十月三十日夜間，三寶壠屬古突亞（Koedoer）中國移民迎神出遊，被土人聚衆屠殺，死十一人，財物被搶，共值五千萬盾，被毀房屋十八棟，計值七萬盾〔註一一〕。一九二七年卽民國十六年五月一日，東婆羅洲之峇厘把坂（Balik Papan）中國移民舉行五一勞工紀念遊行時，中國國民黨駐東婆羅洲支部執行委員及駐生瓦（Sanga）分部委員被捕，中國移民前往請求釋放，被荷警當場擊斃中國移民十二名，重傷十九名，輕傷十八名，捕押十二名〔註一二〕。同年八月十七日，海防土人大暴動，攻擊中國移民商店，每逢中國移民卽行毆打，亂事亙三日，被殺華人三十餘人，受傷者百餘人，被掠者一百五十家，被焚毀者八家，損失五十餘萬〔註一三〕。同年三月二十三日，新加坡中國移民舉行孫中山先生逝世二週年紀念，英政府派警察槍殺六名，傷者十餘名。〔註一四〕一九二三年，卽民國十二年，東京大地震時，中國移民被日警無辜慘殺二百餘人。〔註一五〕一九三一年七月，朝鮮自平壤起，以迄京城為止之間，各大都市之中國移民商店，悉為鮮人焚毀，而被慘殺死傷者，達二百人。〔註一六〕以上皆為中國移民不幸所遭遇慘案之犖犖大者，至於中國移民中之因會社組織所發生自相殘殺之慘案，亦常見之於書。如一八五六年之霹靂暴動，一八七四年前之葉來事件，均其明例。凡此種慘案層出不窮之發生，統可稱之為中國海外移民歷史錯誤之一。

〔註一〕見一九四三年十二月間，美總統羅斯福為取消限制移民法案，致國會咨文。〔註二〕見南洋年鑑。〔註三〕見張燮著：東西洋考，卷五。〔註四〕據南洋年鑑載：英乾為林道乾所屬之一小頭目。又據邱守愚著二十世紀之南洋內載：林道乾乘戰艦攻佔呂宋之米岸。〔註五〕事後翌年，西人曾將殺戮華人經過，函達中國廣州，潭州官吏，謂『華人將謀亂，不得已先之。』閩巡撫徐學聚，據以入奏，萬曆帝大怒，殺張嶷，梟首傳示海上，並斥西人無禮。馬爾加氏在其菲島上引此證明。明廷不採護僑之策，據明史外國傳呂宋則謂：『徐學聚等告變於朝，帝驚悼，下法司議奸徒罪，議上，帝曰：「嶷等欺誑朝廷，生釁海外，致二萬商民，盡膏鋒刃，損威辱國，死有餘辜！卽梟首傳示海上。呂宋曾擅殺商民，撫按官議罪以聞。」學聚等乃移檄呂宋，數以擅殺罪，令送死者妻子歸，竟不能討也。』此亦證明明廷國力之薄弱，無力護僑也。〔註六〕見李長傅著中國殖民史。〔註七〕見華僑開巴史略。郎萊佛著：(Liff)爪哇史內記載：原文為(Lin Chu)。溫雄飛譯為劉昭。〔註八〕李長傅著：南洋華僑史，並未述及華人區失火事。但失火係為當時荷人嫁禍華僑，將有危害歐人生命，施行殺戮之唯一口實。〔註九〕連富光卽皇朝文獻通考內所稱之連富，後荷人以其處置失當，流徙安汶。〔註一〇〕據南洋年鑑之記載，謂『中國移民，虎口餘生者，逃往哈定馬里地方，聯絡以自衞。荷政府又調兵八百餘名，窮追華人，乃又築壕固守，終因無援敗退，改守英格蘭(Pamingaran)。此役死華人八百餘名。』『當巴案發生時，淡目(Damak)華人為自衞，亦一致集合，并與爪哇土酋聯盟，共同自保，以拒追兵。旋土酋中途背盟，勢孤力寡，後援不繼，不得已退至婆羅板南部(Brambanan)堅守二月又退至南方大山叢林中』云云。〔註一一〕該黨徒在舊金山海濱沙地上聚衆演說，醜詆中國移民，故稱之曰沙地黨。〔註一二〕見民國七年十一月上海申報。〔註一三〕見民國十六年五月上海國民日報。〔註一四〕見民國十六年八月十九日上海時事新報。〔註一五〕見民國十六年三月二十五日上海國民日報。〔註一六〕見民國十二年上海時事新報。〔註一七〕見民國二十一年八月九日天津大公報。

二　豬仔

豬仔販運，亦爲中國移民歷史錯誤之一。各國在一八一五年維也納會議(Conference de Vianne en 1815)席上，對於世人所公認爲最殘忍最慘酷而生人地獄不如之黑奴販運已提出討論廢止。〔註一〕至一八六五年，經林肯發動廢奴之美國南北戰爭勝利後，美國當局當時所有四百萬奴隸，均隨林肯戰勝而解放。〔註二〕其後，英、法等國亦多本『人道』『正義』『公理』之精神，齊步美國解放之後，相繼實行廢止奴隸制度。以表面上言，黑奴販運制度已禁止，就事實上言，變相之黑奴販運之豬仔制度正告產生。此有如密亨利氏謂：中國移民之豬仔制度爲『中西國際關係上最可恥之一幕！』〔註三〕在豬仔制度產生以前，於十七世紀初葉，則有強制華工移民之事實。此種被強制移民之華工，實可謂爲豬仔制度產生之前奏。當十七世紀之初，荷人佔領爪哇，進行墾殖開發建設工作，以其地人口稀少，而土人又多懶怠，不堪各種工作之進行，殊感困難。因此亟思利用克苦忍勞，工資低廉，堪任繁重艱難開發建設重任之華人，爲其效勞，乃施種種利誘辦法，鼓動華人移入其地。顧其時，中國海禁綦嚴，雖間有華人不守政令，潛往爪哇者，但爲數無幾，不足以應廣大土地開發建設之急需也。以此，荷人爲達其華人移爪哇之目的計，不惜陰謀詭計百出，不擇手段，利誘與武力兼施，派遣武裝船隻，梭巡中國海面，凡遇有中國帆船過往，任意截擊，擄掠船內華人，押往爪哇，迫令充任最艱苦之勞動工作，爲荷人開發爪哇之先鋒，此爲中國人民被強制移往爪哇之嚆矢。其後，原猖獗於中南海上之中國海盜，受荷人之利誘，其除掠奪海上往來之帆船內所載之貨物外，兼爲荷人掠人而販賣之於南洋各地，以圖厚利。以利用人類間最殘忍之方法，博取荷人之賞賜。當時南洋各地，僅賴此擄掠輸入之有限苦力，尚不足以應勞工市場之需，故歐人除收買海盜在船上所擄掠之華人外，並在中國沿海口岸，實行秘密招募華工活動。中國奸佞貪利不肖之徒，祇圖厚利，往往多爲歐人所派遣來華祕密招工人員之利誘，不惜運用欺詐手段，拐騙年壯力強之華人，或強拉囚禁，或以賭博騙局迫之鬻身，以饜其薰心之利慾，此種昧盡天良助桀爲虐，慘無人道之行爲，實爲人類間之黑暗，未有更甚於此者！在此被強制下輸至南洋各地之人數，雖無確實統計，但此爲豬仔制度正式產生以前，在中國沿海各地所發生之最普遍現象。〔註四〕

豬仔制度正式誕生於十九世紀中葉，係在南洋各屬強制華工移殖之後。豬仔制度之所以發生，不能不謂爲強制華工移殖實行所得之直接結果。所謂豬仔制度者，其內容如何？若以外表言之，似與契約勞工之性質相似，若以其內幕言之，則『黑奴不如』，直等於人間最慘酷最黑暗之『地獄』。所謂契約勞工，其完全本自己之意志，自由決定其對契約簽訂與否，非由於他人越俎代庖，強制執行，毫無自由意志與心願，決定其工作者也。而豬仔制度，在表面上，雖一若契約勞工，然所謂契約，祇是爲欺人之廢紙而已。故在豬仔之契約上，雖亦訂明應募地點，從事何項工作之性質，工值數額，工作時間，工作期限，預付工資數額等，一一載明，然其在實行上，自招募之日起，至契約期滿以後爲止，招傭者從未按約履行。蓋其視豬仔爲商品，與奴隸販運之性質相同。故歐人稱豬仔爲苦力貿易（Coolie Trade）確屬名符其實。豬仔之生活，何以至此？各國移民公司來華招工，大都利用中國沿海各地無正業，無家室，無恆產之地痞流氓爲招工之代理人，分赴內地，利用中國人民生活之艱苦，知識之不足與愚蠢，以甜言蜜語誘騙拐掠之方法，置應募者生死於不顧，祇求應募人數之速成，及其本人獲利之濃厚，往往隱瞞契約上所規定之條件，使應募者受愚弄而不自知，爲唯一技倆。至於應募者登船以後之生活如何？待遇如何？工作如何？非其所計及也。此種代理招工人員，卽俗稱豬仔頭是也。當豬仔制度發生之初，豬仔頭逐日奔走於各國移民公司之『外商』與豬仔之間，由『外商』與豬仔頭訂立招工合同，訂明招足豬仔若干名，豬仔頭可得佣金若干。至其佣金額多寡，又當以所招人數多寡爲衡，所招豬仔愈多，佣金愈大，全以其所招名額多寡爲斷也。豬仔頭除按照所招名額得有佣金之外，並可在豬仔價格身上剝削，因『外商』與所訂合同爲包招制，每招一名，訂定預付金自六十元至一百元不等，無論盈虧，『外商』不予過問之包辦性質，故豬仔頭於六十至一百元預付金中，其所需付予豬仔者，最多不過三十元，最少亦有二十元及一文不須付者不等，此全視豬仔頭之騙術如何爲斷，所餘之款，悉歸豬仔頭所有。此爲初期之招募情形。其後，經一再演變，凡爲豬仔頭者，盡變爲私人投資之一種事業。換言之，凡業招募豬仔業者，可以其個人之資本從事於豬仔之囤積，預行招傭，預付豬仔安家費若干，以及代豬仔墊付船費伙食等，而後將豬仔作商品運至香港澳門，向『外商』兜售，或付之拍賣，以求厚利，無須再如初期之須先與『外商』訂立承招合同，而受委託後始行招募也。至於豬仔之身價，據一般計算，自招募，囤聚運輸，以至中南美口岸爲止，每名實需價銀爲一百七十元之譜。至拍賣價格，每名恆在二百元以上，至四百元之間不等。如販往南洋各地者，其價較廉，其成本亦較販運至中南美洲各地者為低，其成本約數如下：

每名豬仔之成本約數表〔註五〕

費用性質	費用約數
安家費預付金	八元
零用預付金	二元
介紹人誘惑金	三至四元
由起程至出口海岸及囤聚期間宿費	三元
由起程至出口海岸及囤聚期間膳費	四元
運輸車船費	一〇元A
運抵新加坡後囤聚各項膳宿及雜費	一〇元
總計	四〇元

A說明：船小人多，運費本甚低廉，而承販者又從中牟利，此數較尋常所列略昂。

人為萬物之靈，其每名價格，祇四十元而已！除去販運期間開支各費外，每名實得祇十元安家費而已！世界上豈有更較此廉價之人乎？豬仔頭將豬仔運至南洋後，拍賣時，又可得利恆在百元以上，其獲利之厚，洵屬驚人。其後，豬仔頭又感自拐騙至拍賣所經手續過繁，而成本期間，亦覺多不方便，乃又將拐賣運輸拍賣等分為數階段，每階段中所需資本盈虧，各自獨立負担。每階段中於成交時人款兩清。以此，豬仔多經一階段，亦則隨之多一層之剝削。此種運往南洋之豬仔拍賣於僱主後，其所訂合同，每月可得工資五元。工作期間通常爲三年，共可得工資一百八十元。其中除約百元已由其僱主預付其最後販運之經紀人外，三年勞苦所得僅及八十元。此八十元即其三年血汗之報酬也！至於豬仔頭拐騙豬仔之詳細情形，可於一八七一年由祕魯國籍船舶唐璜（Don Juan）載運豬仔因中途失火遇救豬仔之一，其在香港警署內供詞見之。供詞如下：

『我年二十三歲，生於新安（Sun-on）縣之沙村（Sachen），約離香港一日之路程，我父親有客船一艘，往來於沙村香港之間，我本在本地以種蠔爲業。去年臘月奉父命乘客船至海上，照管一切事務，動身時，我父給我三十元代鄰人買鴉片。十九日抵香港，亟望於三十元外另獲少利，往番攤館，不幸竟輸去十元，所剩祇二十元，因無鴉片於四月二十日回家。我並未將輸款之事告人，祇與同村本家陳阿陳（Chan-A-Chan）說及斯事。陳阿陳曾充任水手，因遇盜傷膀子，現已不做任何手藝。我從少與其相識，彼與我說番攤很多，我如與彼一同前往，彼可以設法使我贏回十元，彼且予我若干敎訓。我告於彼：「我不歡喜到澳門，因爲有許多人都在該處被拐，我怕去。」彼謂：「我與汝係本家，汝不必怕我，我不會騙你。」但我對他不信任，他帶我至一廟中，他在菩薩面前發誓：「我要帶此人名叫陳阿新到澳門，倘使我拐騙他，我不是墮水溺死，回不得鄉，便是絕子絕孫。」

『如此一來，我滿意了，就在四月二十二日同他到澳門。到了澳門，他帶我到一所房子，介紹給我，算是一個朋友，到澳門來弄些錢的。我在那裏住了四天，待遇很好，我並未到番攤去。阿陳和我說不必急急。一天，他告訴我說：「我現在有個法子，使你賺三十塊錢，有許多人要運往安南，充當苦力，但是其中往往有很多的人因身體弱，或眼睛瞎給剔出的，你是一個漂亮的小伙子，一定能够通過。有一個人名叫鍾阿福（Chung-A-Fuk），他情願出去，可是他是跛足，不能合格，你只須自稱鍾阿福，到了起運的那一天，鍾阿福自會來接替你的，爲這件事，我可以爲你弄三十塊錢。」我表示害怕說：「要受騙的。」但阿陳就去帶了一個人來自稱鍾阿福，且自承願出去，阿福央求我去頂他的姓名幾天，他說：「到了下船的一天，我來代你，你就無事了。」他還說：「我因爲跛足不合格」。我終究給他說服了，在五月一日阿陳就帶我到豬仔館去，我所有二十塊錢和衣服都概留在枕邊箱子裏面，還把鑰匙交給阿陳，他給我舊衣服穿上，我到豬仔館裏見有一百左右的華人，阿陳叮囑我自稱鍾阿福，二十歲，從東港(Tong-Kong)來的，情願出去，他敎我不要和任何苦力攀談，他說：「我如果說不情願出去，就要在土牢裏監禁三年，還要送往香港監獄吃三年官司。」阿陳和我說能離開豬仔館的。

『五月一日的晚上，就是我到豬仔館的當天，一個葡萄牙人同一個華人走進來，那華人高聲着說：「你們都情願到一個地方去？（那個地方名，我記不起了。）住在那裏八年，每個月賺四塊錢的工資嗎？」他還說：「滿了八年，如果你們要回來就得回來。至於工資，倘若你們認眞做事，可以預支。」那繙譯又說：「若你們情願去，我帶你們出去。」這話是對我們全體說的。他問我的姓名，年齡，來自何處？等等，我都依囑回答他，還問我是否騙來的？究竟情願去否？我並不回答。因爲，我恐怕一說不情願，便要送入土牢。那葡萄牙人看來是一個官員，我沒有第二次看見他，在下船之前，我也沒有離開過那豬仔館，我不和館裏的人攀談，也沒有一個苦力和我說過一句話。

『我在五月一日，要想走出去，但給看門的葡萄牙人攔住，他用一根繩打我，我就走回去，在館裏面很有東西吃，我吸鴉片睡覺。

『到了五月三日，一個葡萄牙人走來，給我八塊錢，一套新衣服，一雙鞋子，一頂竹笠，一張華葡合璧的文書，我並不在任何紙上簽字，那文書亦並未解釋給我聽。館裏的人都領到八塊錢。五月三日一點鐘，我們走上一隻大船，負槍佩刀的兵丁和我們同行。我們五十人合成一批，我上船時，盼望鍾阿福來替換我，可是沒有來，我哭了。我看見船上約有六百三十人，哭泣的約有五百。他們說「他們是受人欺騙的」，我也說「我是受騙的」。我告訴一個葡萄牙人，但是沒有理睬我。』〔註六〕

讀此供狀，則可知當時拐騙豬仔之一般情形。豬仔販運之發端，始於一八四五年，法國船一艘，自廈門運中國工人至北非之罅尼翁島（Reunion）至新大陸之契約華工，則始於一八四七年，自廈門出發，其中稱為契約勞工者八百人，移往古巴。嗣後陸續至西印度羣島、中美洲各國，以及南美洲各國之契約勞工，為數甚衆。是項勞工自一八四七年起至一八七四年止，在此三十年間，自廈門、香港、澳門等地運往古巴、祕魯、智利、檀香山之有數字可稽者，達五十萬人。如在一八六五年運至古巴者為五千二百零七人，運祕魯者為八千四百十七人。同時，古巴招工委員會懸法國旗，自廣州運出之華工，計二千七百十人。此項豬仔，大都由中國法權所不及之香港澳門運出。蓋上列兩地為招募之根據地，且在該兩地設有監獄式之勞工收容所（Barracoon），俗名之曰：『豬仔館。』〔註七〕凡經招募後之苦力，先拘禁於此，待出洋船到時，再行上船轉運到目的地。此種豬仔館，宛若轉運公司之堆棧，而苦力則等於待運之商品。至於豬仔頭利用『外商』與苦力間之隔膜與語言之不通，故其得將契約內容隱瞞應募者，並從中可以信口雌黃，竟可以往新金山舊金山採金，可發洋財，欺騙或誘之以賭博，使之博負，以債權人之資格，強迫簽約，或以麻醉藥品使之暈迷，搬入船內，及其醒後已為大洋中之旅客等之不正當辦法，將其騙賣轉運至祕魯、古巴以及熱帶地區。至於豬仔登船啓運後生活待遇之惡劣，更難形容。蓋移民公司所派人員，其來華招工亦多以包辦性質，故其爲節省運費，多獲盈利，常過量運輸豬仔。至其過量之程度，大抵不論船之大小，悉須每船裝運自三百人至七百人之間。船上爲豬仔生活之設備毫無。豬仔往往日間在船艙須並肩疊膝而坐，夜間更須交股架足而眠，實等於商品裝置於船艙之內。飲食方面以人數過多，船行又緩，如至檀香山之航程，通常爲七十五日，加州爲七十五日至一百日。古巴自一百四十七日至一百六十八日。祕魯一百二十日。因此其雖規定每人每日米一磅半，豬肉半磅，水一加侖，菜三磅，且有十五尺見方之蓆一條，然雖英國船亦鮮有守此規定給予者。其他國家之船隻，更不必論矣。而行駛如是速率之帆船，以七八呎見方之船室，裝置如商品之人數，在熱帶海洋上蕩漾百餘日，已使不易忍受矣，而飲食之不潔，水手之虐待，空氣之汚穢，以及身體與精神所遭受之痛苦，此皆想像可知。故每遇風浪，其暈船嘔吐，狼藉滿船，奇臭逼人，豈人類中更有較此更惡劣之地獄者哉！此類運輸豬仔之船隻，既絕無衞生設備之可言，疾疫病菌一經傳播，流行之速，較電流更勝一籌！故豬仔因此喪生於船中者爲數至衆。其死亡數之大，動輒以百計。此種死亡率之高，實非任何運輸船隻所可能與之比擬也。其死亡率之大，實駭人聽聞！其死亡最多者，竟及全數之半，少者亦在百分之十五！茲列其自一八五〇年至一八五六年間，自中國運往美洲豬仔在船中之死亡率，就有記載可稽者，表列如下：

自一八五〇年至一八五六年，豬仔在船中之死亡率表〔註八〕

年期	駛往目的地	所載人數	船數（艘）	死亡人數	百分比
一八五〇年	祕魯	七四〇人	二艘	二四七人	三三
一八五二年	巴拿馬	三〇〇人	一艘	七二人	二四

一八五二年	英屬圭亞那	八一一人	三艘	一六四人	二〇
一八五三年	古巴	七〇〇人	二艘	一〇四人	一五
一八五三年	巴拿馬	四二五人	一艘	九六人	二三
一八五四年	祕魯	三三五人	一艘	四七人	一四
一八五六年	祕魯	三三二人	一艘	一二八人	三九
一八五六年	古巴	二九八人	一艘	一三二人	四五

表中死亡率最高者，為一八五六年運往古巴之船，竟至百分之四十五。最低者，為一八五四年運往祕魯之船，為百分之十四。若以每次之船隻之死亡率平均計之，為百分之三十。此種計數僅就全期豬仔販運中之六年而已，若以自豬仔制度產生至禁絕之期為止合計之，其死亡數字定甚驚人！至豬仔死亡之原因，除其在生活上不堪船中之痛苦與飢渴交迫而病死者外，更有因受拐騙憤而自殺者，有不堪虐待而生厭世之念而死者。因此物極必反，目覩飢不得食，渴不得飲，病不得醫，臥不得安，死亡相繼，觸目驚心，人人自危，知其坐而待斃，孰若挺而走險，叛而求生，作強烈之反抗者。於是，戕殺船主船員之事，時有發生。其中有因作反抗而得逃生回里者，亦有因所謀不密失敗而被判處死刑者。此種結果，當然係由於痛苦所使成。摩爾斯(Morse)形容豬仔在船上慘痛之生活情形稱之曰：『浮動地獄。』〔註九〕開茂郎氏論豬仔往南洋乘船之慘狀亦云：『華工之死，雖與船主利益有損，而資本無虧，以載客愈多，獲利愈厚。船本可容三百人，而載以六百，縱途中損二百五十名，較之按定額不折一人登陸，利猶過之。蓋一則以三百五十人入市，而一則祇三百人也。』〔註一〇〕兩氏之言，實尚嫌不足以抒其遭

遇也！茲列自一八五〇年至一八七二年間，豬仔在運輸船中因受壓迫過甚，起而反抗之情形，表列如下：

一八五〇年至一八七二年間豬仔在運輸船上反抗情形表〔註一一〕

年期	船隻國籍及航行起訖地名	反抗所得結果
一八五〇年	法國船由香港往祕魯	船上反抗船主在海島登陸
一八五一年	英國船由香港往祕魯	殺船主後在中國海岸登陸
一八五二年	祕魯船由香港往祕魯	殺船主後在星洲登陸
一八五二年	美國船由香港往古巴	殺船主後在中國海岸登陸
一八五七年	英國船由汕頭往古巴	殺船主不成回香港作海盜判處死刑三人餘戍海島
一八七〇年	法國船由澳門往祕魯	船主及船員被殺
一八七〇年	祕魯船由澳門往祕魯	在香港附近反抗起火船員乘小船逃出豬仔五百人葬身火窟
一八七二年	西班牙船由澳門往古巴	反抗失敗全部豬仔抵古巴時被賣爲奴

右表僅爲豬仔在船上不堪虐待起而反抗若干次中之數次而已。此種死裏求生之情形，殊爲可憫！至於豬仔販運至目的地後之生活，及工作，亦慘不可言。蓋白人之對華工招募，往往以其擬開闢之荒區，或遇瘴氣重重，或遭水土特殊，或爲虐蚊困擾，非爲白人苦力所能勝任，乃來華招募豬仔前往。故豬仔於抵目的地由移民公司轉賣於僱主後，其所担任之工作，非爲伐木除草，則爲荒涼孤島發掘鳥糞層。其工作地區，非爲毒蛇猛獸棲止之地，則爲人跡罕至之處。因此其於工作開始之後，爲種植棉花甘蔗，開礦，挖掘鳥糞層地土〔註一二〕無時不在僱主

嚴密監督中。雖炎熱如焚，終日操勞，不許稍懈，略有不遂，動遭鞭笞。而豬仔中性情較爲強悍者，往往非遭監工暗殺，則於乘人不備之機會，用鋤擊斃，偶生滋事，則施『殺一禁百』之酷刑，壓平暴動之風潮。故豬仔在工作期間，其不爲荒山千里密林幽翳中之毒蛇猛獸所果腹，亦必爲慘酷刑罰而致死。其中雖間有能忍氣吞聲，而得天獨厚，幸能逃出上項危險者，又處於僱主層層壓迫與剝削，而過非人之生活。場主往往陰謀毒辣，利用豬仔每日工作疲乏之餘，需要於精神上有所發洩，乃設立賭場，烟館爲弭，誘惑之，使豬仔之精神及工資收入，盡耗於此。豬仔深染烟賭之癮以後，需預支工資因此又不得不於工作合同期滿之後，延長其賣身契約，終生成爲豬仔。就法理立場言，豬仔係爲契約勞工之一種，如受虐待，本可訴之法庭。然而豬仔之知識，恆多低下，而同時，豬仔中亦有極少數爲虎作倀者，其既無控訴之力，在環境上，殆亦無控訴之可能。豬仔之慘狀，可於人道主義者不滿當時僱主對豬仔之虐待而起同情之言，及一八七四年，中國總理衙門所派專使陳蘭彬之報告書內容中見之。一八七一年，有目覩豬仔之被虐待而起同情心者云：『吾信苦力貿易，其罪惡與販賣黑奴相等。當其運送之際，黑奴所受之痛苦，未必不較苦力爲甚。然一抵目的地，身有所屬，則僱主爲利益計，常保其相當安全。苦力則不然，彼等嘗語我謂「所遭不逮黑奴遠甚。」蓋其民族文明較高，而知識較進步故也。』〔註一三〕陳蘭彬之報告書如下：『欽查島（Chiuncha），在秘魯附近產鳥糞層，僱中國苦力爲礦工，白人監工者，手持長五呎厚一英寸半之皮鞭以監督之。天未明卽起，工作至午後四時爲止。因氣候之不良，工作又繁重，在四時前，每有昏倒者。但白人監工者，仍以鞭撻之，每陷於半死之狀態。計至一八六〇年，自中國運往秘魯之苦力，前後十年，其數在四千以上。有因勞動過度而病斃者，有墜落鳥糞層中活埋者。有不堪苦役，自絕壁上投海而死者，僅存之人數不過百人而已。〔註一四〕當時陳蘭彬，於視察欽查島之後，又與在中國海關服務之馬克佛遜（A. Macpherson）胡伯爾（A. Huber）等至古巴夏灣拿視察苦力收容所監獄以及各大農場，聽受一千七百二十六人之口供，接得陳情書八十五封，由一千六百六十五人簽名後所作視察報告如下：『據苦力之口供及陳情書，全數十分之八爲誘掠而來，在航程中，備受虐待，其被擊傷致死自殺病亡者，佔百分之十。卽抵夏灣拿，被售爲奴。祇有最少數在家庭及商店中服役，大部份爲蔗田之苦工，而以後者受虐最甚。工作繁重，食物不足，且動以鞭撻，或加囚禁。歷年以來，有大多數之苦力，鞭撻而死者有之，因傷致命者有之，懸樑而死，切頸自殺，服鴉片自盡者有之，投井入鑊而死者亦有之。我所見苦力，殘其手足，有破頭者，有缺齒者，有刖耳者，有寸膚破傷者，足證其言之非誣。幸而合同期滿，則僱主必強迫更訂新約，任期限在十年以上，受苦如前，此皆等親見而親聞者。』（註一五）

豬仔制度之盛行，黑暗重重，漸引起世人之注意。十九世紀中葉以後，輿論攻擊尤烈。於是英國政府，爲體面計，於一八五四年下令香港政府，禁止凡懸有英國旗之船隻，不得運輸苦力。翌年，又在國會通過中國船客條例，規定：『每船不得載中國苦力二十名，航行在一星期航程以上。』因此凡業豬仔販運往祕魯，古巴者，從此不能立足於香港，乃移其事務所於澳門。蓋葡萄牙澳門政府雖在表面上亦公佈苦力保護條例，但祇是具文而已。其由法國船自澳門運出之豬仔，爲數仍衆。一八六〇年，廣東巡撫設法限制，實行廣州汕頭苦力收容所，及出洋船舶檢查後，於一八六五年自澳門運往古巴之豬仔，仍有七二〇七人，往祕魯者八四一人，自廣州往古巴者，二七一六人。一八六五年，經英、法公使與中國總理衙門會商中國契約工人出洋辦法後，規定嚴禁以強迫拐誘手段招募華工出洋。從此至一八七五年，爲販運豬仔之中心地點澳門，亦因英法德政府之勸告，而明令禁止。西班牙，因經一八七一年，美人不滿意於豬仔販運，及經一八七四年，中國總理衙門所派專使陳蘭彬等之視察報告公佈後，亦於一八七七年明令取銷契約勞工。祕魯於一八七四年始准許於原有契約勞工期滿後，由僱主出資或由祕魯政府出資遣送回國。英屬圭亞那之招募契約勞工，始於與古巴祕魯同時，早在一八四四年，其有記載可稽者，自一八五三年至一八六六年，有華工一萬一千人。一八七三年有五百人入境，其待遇亦甚虐待。一八六四年後始行改良。檀香山移民條例，亦於一八九一年予以修正。南洋海峽殖民地，於一八七七年設置華民政務司署，實行豬仔入境檢查登記，並規定如待遇合同等，均須經該署簽定。豬仔每遇虐待，亦得向該署申訴。自此豬仔販運之風稍殺，然尚未根除也〔註一六〕。至一八九〇年前後，因半島開闢，需工特多，又於新加坡、檳榔嶼輸入華工，自一八八八年，北婆羅洲開闢烟田起，至一八九〇年止，期內共達七千三百二十三人。因此苦力市場又告大盛。豬仔頭亦大事活動。豬仔頭招募華工一名，所費祇十四元至十六元，其拍賣於僱主時，可得八十元至九十元，以獲利特厚之故，誘拐豬仔之事又熾〔註一七〕。荷印方面，因迫於輿論，亦於一八八〇年，頒佈蘇門答臘東海岸苦力條令。其後於一九〇八年時，復設立勞工監督制度。一九二一年時，更於司法部勞工司，單獨改制爲勞工局。一九三一年，外島勞工局亦頒佈條令，規定：『勞工契約，最長不能超過二年。期滿後，如仍留原僱主處工作者，不適用刑罰。』並規定：『成爲自由勞工，不受任何契約之拘束。』此爲荷印政府取締豬仔之大略情形。然事實上，豬仔制度至今仍存在如故也〔註一八〕。

世界各地如太平洋羣島方面之馬卡隄（Makatea），大溪地（Tahiti）〔註一九〕，西薩摩羣島（Samoa），〔註二〇〕非濟（Fiji），拉腦（Nauru）〔註二一〕，南非方面之脫蘭士哇（Transvual），蘭德（Rand）〔註二二〕，歐洲方面之第一次世界大戰時協約國所招募之中國契約勞工〔註一三〕等等，除法國招往者待遇較為平等外，其他各地之中國契約勞工，悉如豬仔也。此為中國移民歷史錯誤之二。

〔註一〕見海伊氏著：近代歐洲社會政治史。(A Political and Social History Modern Europe 1500—1815 by J. H. Hayes.)廢止販奴案，係由俄皇提出，雖在條約上並未有明文規定，而於宣言中附帶說明，實行廢止販奴。不過，並未規定實行之期間，祇謂『由各強國自行決定』而已。〔註二〕在北美合衆國獨立宣言中，即聲明北美合衆國獨立以後，禁止奴隸輸入。〔註三〕見馬克納伊著：現代中國史四〇九頁。(Mac Nair: Modern Chinese History, P. 409) 〔註四〕本文係參考南洋年鑑及僑務委員會副委員長周啓剛氏之口述。〔註五〕南洋年鑑：以在南洋所實施之此種辦法，稱為欠資制。(Credit-Ticket System) 督此業者，檳榔嶼為陳德 (Tan-Tek)，新加坡為梁亞保 (Leang-Ah-Paw) 之勢力為最大。〔註六〕見一八七一年至七六年中國關係藍書皮六—七頁。(Blue Book-Paper Rel. to China 1871—76 PP. 6—7.) 〔註七〕拔拉貢(Barracoon)一名詞，原用之於黑奴收容所。白人來華招苦力工人，竟亦用此名。〔註八〕見摩爾斯著：中國皇朝之國際關係七節一七〇頁。(Morse: The International Relations of the Chinese Empire, VII. P. 170.) 〔註九〕見摩爾斯著：中國皇朝之國際關係第七節一七〇頁。(Morse: The International Relations of the Chinese Empire, VII. P. 170.) 〔註一〇〕見開茂郎著：馬來亞四一頁。(Comeron: Malaya P. 41.) 〔註一一〕表內一八五七年以前，見南洋年鑑及同註四同書。〔註一二〕往古巴者，悉為甘蔗田工人，往祕魯者，非為鳥糞層繁殖工人，即為採礦工人。〔註一三〕見馮胡畢納爾著：世界周遊六〇七頁。(Von Hubuer: A Ramble Round the World, P. 607.) 〔註一四〕見同註四。〔註一五〕見摩爾斯著：中國皇朝之國際關係第七節一七九—一八〇頁。〔註一六〕見開茂郎著：馬來亞四一頁，內載：『雖一八七四年海峽殖民地政府，頒佈取締條約規定人數，但其後二年，尙有逾額私運者，其方法即於船離中國海岸後，潛泊口外，另以小舟運客登船，及抵海峽，則先停口外，將額外乘客，以小舟駁運後再駛入口。』〔註一七〕一八九〇年，返運豬仔之風再起時，英國勞工局向有『現身單客』與『賒單身客』之分。所謂：『現身單客』者，係自備旅費而往，尋覓職業，無豬仔性質。『賒單身客』係由豬仔頭代墊旅費，於覓得職業後，預支工資償還墊款。即所謂如往日之契約勞工，亦則豬仔是也。而『賒單身客』又可分為兩種：其一，則由航業者以船載之而往，將豬仔留之船中，俟覓得僱主後，由僱主歸還一切墊款，並予船主以利潤，而後由僱主帶此豬仔往工場。惟此種制度，因買賣供求常不得值，有時竟因此久囤船中，達數月之久，耗費過鉅，且因久期不能脫售，伙食惡劣，衛生不良，空氣污穢，常至死亡而虧累者。故此種制度行之不久，即告終止。另一，則由香港運至海峽殖民地囤聚於小客棧中，然後覓主以售，其間亦有先得僱主之委託，然後再行經營者，此類豬仔，於登陸後一二日內，即可脫售，訂約工作。蓋抵岸後如逾限，依照法令須由豬仔頭備款遣送回國，且依法律規定，自中國至海峽殖民地運費，每名為十九元五角。由勞工自行負担。以預防豬仔頭從中剝削索勒。豬仔於入工場工作後，每年作工時間，為三百六十日，每日十小時，（農場規定）或八小時，（礦場規定）工資每年三十元，（農場）或四十二元，（礦場）豬仔以一年或二年工資償還僱主，而後方得恢復自由。〔註一八〕在荷印豬仔，以蘇門答臘東岸及邦加勿里洞（Billiton）兩地之農場及錫礦場為多。在一八七〇年時，為數極少。一八七四年，由海峽殖民地運至白里(Peli)者，僅四十八人。翌年，增至一〇八八人。一八八〇年，乃直接自汕頭，廈門運往者。一八八九年，凡一萬三千五百十四人。至一八九〇年，減至一萬〇四百十四人。一八九九年，由七十四家大農場合組機關，至中國招僱之契約，須受漢務司監督。經一九一四年六月三十日，海峽殖民地，輔政司柯特子爵（Viscomt Harcourt）下令禁止契約勞工後，其豬仔販運之風略減。但至今，在荷印各島豬仔制度仍存在也。〔註一九〕一八七〇年，開採鳥糞層時，始有中國契約勞工輸入。至一九〇〇年時，在羣島中之大溪地，有中國契約勞工二千餘人。初時待遇與豬仔相若，現已有改進，該地設有中國國民黨支部。〔註二〇〕西薩摩羣島，在德國統治時代，由溫德公司（Wendt Co.）運入契約華工，為椰子及橡膠農場工作，凡二千二百人。戰後，又輸入一千四百三十人，其待遇見後。〔註二一〕非支契約華工，一九一一年時，三百五十人。一九三一年，增至九百人，操作於農場。拉腦在德統治時代，為契約華工五百九十二人。一九二一年時，有五百九十七人，多在鳥糞層燐礦場採礦。據甲克倫敦氏(.Jack London)支那歌小說(The Chinago)描寫太平洋羣島中大溪地之豬仔待遇之悲慘生活之殘酷，與美洲豬仔毫無二致。〔註二二〕南非脫蘭士哇蘭德之金礦，亟需華人前往開發，乃於一九〇三年契約華工招往者。至一九〇七年止，達五萬一千四百二十七人。其後漸減。至招募事宜，係由開平礦務公司太古輪船公司經理，初招往者為山東直隸人民，後又招往粵人民五百。當時對應募者，體格檢查極嚴，合格者不及四分之一，招足五百至三千人後始啓運。如未足此數時，多留置收容所，凡合格之華工，每人簽有傭契約，並給號牌，加蓋指紋，用為犯罪時之查考，至其費用待遇如下表：

費用性質	金額
招募費	二元
收容所費	四元二角
船中膳費	九元
旅費	四〇元
安家費	一〇元
雜費	一元
合計	六六元二角

再其所納於中國政府之人頭稅，平均每名九十五元，其工作年限由招募公司規定，普通二年至五年。期滿，由僱主出資遣送回國，其工作係担任最艱苦者。每日須工作十二小時，工資最高每日祇得二先令，亦有一先令者，以工作效率而定也。雖衣、食、住、病等費，均於契約上訂明由僱主負責，且不准虐待，但事實上一切粗劣，且時受體刑。設大苦力頭小苦力頭層層嚴厲監督，休息期間，行動極受限制。且於蘭德礦區附近築華工

宿舍，即隔離所四周高圍牆垣，除得休息時訪友外，嚴禁與外人往還，此外以烟賭引誘使十九囊空如洗。而苦力頭放高利貸，僱主以牛馬與商品視之，幽之隔離所使與人類社會毫無往來，直等於坐牢也。〔註二三〕見陳里特著歐洲華僑生活內載：一九一六年，協約國因需要勞工，英國招五萬，法國十五萬，俄國三萬，合共二十三萬人。法國第一次所募七百人，於一九一六年二月運往，爲山東人。第二次由惠民公司經募五千人，由秦皇島運往。其後在上海、天津、浦口、濟南等地續招。英國於一九一七年，在威海衞招山東苦力五千，係運往巴爾幹。其後在山東膠濟路附近大規模續招。俄國於一九一六年在東三省中俄邊境及天津、山海關招募三萬人赴頓河礦山工作。係由義成、泰茂二公司經理。待遇往法國者惠民公司所訂標準爲五年，工資每日五法郎。如供膳者，三法郎二十生丁，供食普通華工三法郎，有手藝者加多。衣服、旅費、醫藥由法方供給，每日食料規定如下表：

食料名稱	數量
米	一〇〇格蘭姆
麥	一、〇〇〇格蘭姆
肉或鹹魚鮮魚	一八〇格蘭姆
乾魚	一〇〇格蘭姆
青菜	二三〇格蘭姆
乾菜	六〇格蘭姆A
茶	一五格蘭姆
豬肉或菜油	一五格蘭姆
鹽	四五格蘭姆

A說明：發青菜時，不另發乾菜。　此外，安家費每名五十法郎，工作每日十小時，契約內並訂明死亡者給恤金一百三十法郎至二百七十法郎。其編制：以二十五人爲一班，以一人任班長，班長工資每日另加二十五生丁。每一團體內，置翻譯一名，如無意工作，或怠工者，及有不正當行爲者，則解除契約，航送回國。又由英國招募者，衣、食、住、應由僱主供給，月給工資二十二元。工頭加二元。如在兵工廠工作者，自三十元至七十元，工頭自四十五元至九十元，工作期間二年。在二十二元工資中，十二元交本人，十元付其家屬，安家費二十元。旅費、醫藥、由僱主負責。至由俄國招募者，每人每三月工資一百羅布。衣、食、住、由僱主供給，每日二餐，每餐給黑麵包一磅又四分之一。

戰時招募去歐之契約華工，除前往俄國者，取道西伯里亞外，其餘均由青島，威海衞，秦皇島起程，初取道好望角，航程二月達馬賽，復改經美洲三十九日抵達。一九一七年時，法船河德斯號，載華工七百二十名，在地中海被德潛艇擊沈，死五百人，前後被德潛艇擊沉船隻中，合計華工死亡者七百二十五人。赴法華工中，以山東人爲最多，冀、豫、閩、皖、粵、蘇、浙等省人次之，其工作多爲軍需品之搬運，及築路掘戰壕等，有技術者可在兵工廠工作，工餘之暇，亦有娛樂。在兵工廠工作者，其最重之處罰，爲私藏火藥罪，及其他危險品，須戍海島。初犯賭博罪，罰十五法郎，犯酒醉罪，罰七法郎，連犯三次者，累增。如犯工場罪者，罰薪三日，及拘禁三日至二星期。赴法國者，悉在大本營附近工作，絕少危險。赴英國者，多在火線工作。故一九一八年三月，德國反攻之役，有多數華工，竟以礦鏟爲武器，在火線內，與德軍搏鬥，至死傷人數，計在法國者，約二千人。法人對華工之影像，至今尚甚良好。雖契約期滿，若干華工，對法國尚戀戀不捨，不願回國，此可謂在中國國外移民史發展中，有契約華工制度產生以來，待遇最平等，成績最優良者。至於赴俄之契約華工，因俄國國內革命起，華工死於飢寒者甚衆。其平日所供給，除麵包一磅又四分之一外，毫無蔬菜魚肉。而刑罰則甚嚴，或竟於華工犯規時，有槍殺處死刑者。後華工因不堪虐待，起而反抗，殺俄兵七人。俄軍鬨變，將華工包圍，被槍斃之華工竟達三百人。在前方遭德軍襲擊而死者七千人。在礦場中工作時，被虐待而死者，約五百人。紅軍起義以後，多投入紅軍，參加俄國革命。其後亦有因軍功而升至連營團長者。（關於華工在俄國之待遇資料，係據參預其事之華工，湖北天門人，甘霖君所口述。）

三　取締

中國歷代政府之取締海外移民，已詳述於前矣。今日世界各國，鳥盡弓藏，紛紛採行取締或限制中國人民之移入政策。茲簡述之，以明中國海外移民歷史發展過程中之錯誤。

(一)亞洲　亞洲各國在地理環境上，非惟領土相接，則一衣帶水，往還便利。然在亞洲各地之政府，近數十年來，未有不為中國移民訂立種種苛例，以取締限制中國人民之移入者。其對已移入久居之中國移民，亦莫不採取仇視排斥驅逐之態度者。日本為今日中國之敵人，其政府對待中國移民之不道德，背正義，已無論矣，則就今日同為抵抗侵略之盟邦中，無論英、法、荷所屬之殖民地政府，亦未有不採行限制驅逐等取締中國移民之態度者。如英屬殖民地，自一九一四年至一八年，第一次世界大戰起，則限制中國移民入境。其後苛例訂立，層出不窮。在一九三〇年時，頒佈有專為中國移民之教育條例。〔註一〕一九二六年時，英屬三角洲頒佈有學校註冊條例。〔註二〕一九二八年時，又頒佈有移民入境條例(Immigration Restriction Ordinance)〔註三〕一九三一年，有會社組織條例之修正。〔註四〕一九三二年，訂有海峽殖民地外籍人民律，外僑登記律，護照總規條。〔註五〕一九三三年，復訂有華工進口條例之修正。同年，馬來聯邦訂有外籍人民律例等〔註六〕。其對待中國移民苛例之繁，實不勝枚舉。其中有若干種苛例之內容，若在外表上觀之，似無不平等之歧視，宛似為現代國家所應有之條規，然若以英屬馬來亞能成為今日繁榮之歷史言之，『英政府十分之九收入，皆出於中國移民之手。』〔註七〕英國雖領有其地，中國移民應受其優裕之待遇，似不為過分。然自一九一八年後，中國對馬來亞之移民，非獨不能因有汗馬功勞而獲得合理報酬，反在其繁複苛例限制之下，入境艱難，移民人數，亦因此日形大減。如七州政府在一九二八年移民入境條例公佈之前後中國移民人數驟減，可資佐證其減少狀況如下：〔註八〕

年期	月別	中國移民入境人數	備考
一九二七年	一月	四、〇〇〇人	未頒佈移民入境條例以前之中國移民人數
	二月	五、〇〇〇人	
	三月	五、〇〇〇人	
	四月至十二月	六、〇〇〇人	
	一月至三月	三、〇〇〇人	頒佈移民入境條例後之中國移民入境人數
	四月以後	一、〇〇〇人	

中國移民因其各種苛例之訂立，不獨失去移殖之自由，而在移動期間所乘船隻之船位，亦大受約束與限制。最初其規定各輪船公司每月原可運載中國移民四千至五千人入境者，無形間亦漸減至一千零五十人。〔註九〕而入境手續之繁瑣，更數倍於往日。如進出口登記納費給證檢查等之嚕嗦，已無論矣，若稍有不合，則予留難，任意科罰，拘押遣回，乃爲其處罰中之最尋常者。至於請領居留證之效用規定，護照及國籍證書之使用與罰金等差別之規定，使中國移民居之頃刻難安。他如政治上，以往馬來總督金文泰解散中國國民黨駐星洲總支部以後，又禁止國民黨份子活動集會及募捐。〔註一〇〕教育方面，以往原可自由設立學校，自一九二〇年以後亦大受限制。一九二六年後，更強迫華人學校一律向當地政府註冊，違則分別論罪。〔註一一〕如數年前中國政府

僑務委員會所派師資，不准上課〔註一二〕等行爲，其對中國移民不平等之待遇，於斯亦可以概見。緬甸中國移民所受之不平等待遇，與馬來亞相若。

荷屬東印度，當荷人東來之初，滿目荒蕪，人烟稀少。其在十七世紀以前，歡迎中國移民，惟恐不來。但至十七世紀中葉以後，對待中國移民之態度大變，凡以往優待之種種辦法，悉予撤消〔註一三〕。至十八世紀初葉，該地經一度爲英國所佔領以後，其對待中國移民變本加厲。在法律上對待中國移民，一如土人，而中國移民之稅則，較土人尤重。厥後於一八八〇年，荷印政府更開始頒佈苦力條例（Coolie ordinance）〔註一四〕。一九〇七年，爲強迫中國移民同化，又頒佈荷屬東印度歸化法〔註一五〕。一九一六年，更頒佈荷印外籍人民入境居留條例〔註一六〕。一九一七年，訂有荷屬外籍勞工入境居留特種章程〔註一七〕。一九一八年，復訂荷屬寥島府入境居留特種章程。〔註一八〕一九三二年，荷印政府復公佈取締私立學校條例〔註一九〕。一九三八年，又有荷印入境新條例，荷印限制勞工入境條例，警察條例，遺產處分條例〔註二〇〕等。其對中國移民苛例之頒行，宛如雨後春筍。凡中國移民居留其地者，須受其屬地主義國籍法（Jus soti）之束縛，務必放棄中國血統主義之國籍法（Jus sanguinis）。如果依其苛例之規定，凡中國移民居留其地，能操荷語，而資產在若干以上者，爲荷蘭人，強迫脫離中國國籍。此項苛例，經中國政府交涉後，始改成今日中國移民在荷印所應用之雙重國籍辦法。此外，凡中國移民入境，動輒處以一個月以下之拘役或五百盾以下之罰金，並驅逐出境，不問其所犯法律如何也。對於登岸證，居留證，檢查時之留難，以及對担保人之苛酷限制，更出人意外者。凡其苛例規定下准予入境者，須繳納入口稅，自五盾漸加至二十五盾，五十盾，一百盾，最後竟增至一百五十盾。縣以下之行政官吏，對中國移民犯罪，可不問其罪行成立與否？有先行拘禁三個月處分之權。對於中國移民之遺產，每置死者遺囑於不顧，強爲處分，政治上隨時可任意將中國國民黨黨員流徙於新幾內亞荒島，不准回埠。〔註二一〕教育上，嚴格限制私立學校之創辦。教員入境亦須受其嚴格限制，華文書籍之進口，凡有主義，民族，民權，民生等字句者，概在查禁之列，不准進口。因此，被封閉，罰金，監禁之學校及教員被拘押驅逐者，時有所聞。在棉蘭，白裏邦至今，豬仔制度仍然存在。〔註二二〕

越南原爲中國藩屬，其政府與人民，昔日均對中國移民視如上賓。自從歸併法國後，於一九〇六年，法總督頒佈東亞華人居留條例〔註二三〕以後，又先後經一九〇七年，一九一一年，一九一二年，三度修改增訂。〔註二四〕自此對中國移民入境之檢查，異常綦嚴，留難亦特多。凡入境之中國移民，務須強迫加入福建、潮州、廣州、瓊州、嘉應州各幫之團體，並須在各該幫團體代表人負責保證之下，方准以短期之居留，並責令各該代表人，負其所屬中國移民身份登記證費繳納之責任。如有違反者，立予罰金，體刑，驅逐等之制裁。凡中國移民進口以後，年齡自十八年起，至五十六歲期內，規定應納人頭，通行證，入口商號，招牌，田土，附加等稅。至其實施嚴罰強迫，名目繁多。一九三〇年時，又曾一度強迫中國移民改用法文簿記。〔註二五〕教育方面，訂有越南教師條例，嚴格規定華人學校所聘教員，統須在越南居住二年以上，及學校所在地居住一年以上者，方爲合格，否則不予授課。

泰國前外交部次長，與中國國父孫中山先生談話，有謂：『如果中國能夠革命變成國富民強，我們暹羅願歸還中國，做中國一行省。』〔註二六〕在泰國歷史上，亦曾有華人王其國。〔註二七〕其民族與中國民族血統關係亦甚複雜。然其近年來，對中國移民所頒佈之苛例特繁。其最要者，當以一九二五年所頒佈之華僑商人賬簿取締法爲開端。〔註二八〕其後一九二七年，設立移民局，訂立限制中國移民入境之新條例。〔註二九〕一九二八年，頒佈公益事業取締令〔註三〇〕一九三一年，修正移民條例及施行辦法〔註三一〕一九三六年之外國人登記條例〔註三二〕一九三七年之外人入境條例，〔註三三〕強迫教育條例，華校教員泰文考試條例，華僑學生條例，華校註冊條例。〔註三四〕一九三八年之領海區漁業權條例及關稅法中之招牌稅率，一九四〇年之救國公債條例，增加入口稅之第四號法令入口時識字考試方法規定第五號法令以及一九四一年之扶助職業及技術職業條例，禁止外人居留地區條例，劃定禁止外人居留地諭令等，〔註三五〕不勝枚舉，歸納言之其內容不外限制中國移民入境人數增加入口征稅，以致考試識字方法使中國移民難於入境，限制營業，使難發展，動搖中國移民之固有經濟基礎，迫授泰文使中國移民爲其所同化。採取強烈排華，劃定禁區，誘迫入籍，爲其順民。總之，凡其他國家虐待取締中國移民之苛例，泰國應有盡有。

菲律賓在西班牙統治時代其商業，非中國移民難以維持。〔註三六〕美西戰時，中國移民因痛恨西人以往之虐待，予美人以極大之協助。其於一八八〇年時，則訂有移民律，〔註三七〕限制中國移民入境。於一九二一年時，菲政府又通過西文簿記案。一九三二年時，更將以往移民律加強另訂，〔註三八〕一九三八年時，復訂中國移民入境新例。〔註三九〕其除認可居留之中國移民，須繳納居留證費五十菲元，稍有不當，拒予登陸外，又增加現款担保一項，男子爲二千菲元，女子爲一千菲元，孩童爲五百菲元。否則不予登陸。中國移民因此而被拒絕登陸者，自一九二二年起至一九三一年止，十年間，其人數如下表：〔註四〇〕

年期	被拒絕登陸人數
一九二二年	八名

一九二九年	一二一名
一九三一年	二八五名

至於已取得居留權之中國移民，無論工商，均須受其法律上極不平等之待遇束縛，則就原居留之中國移民亦須受下列各項規定之限制：

(一)華商　每年納營業税在一百四十元以上者，雖得向海關請求註冊爲正式商人，可攜帶母子入境，但此項請求海關常藉故予以拖延擱置經久而在請求期間，倘政府突然派員調查時，請求註冊之負責人不值，則認爲非店主，不予註冊。

(二)華工　因事離菲，具有下列資格之一者，方准返菲：甲、娶有菲婦者。乙、在菲有不動產，及固定商業者。丙、在菲有二千元以上之動產者。若未具備上項條件之華工，離菲後不准復返。

(三)凡具備註冊手續之華商歸國時，其原出口照税由三十菲元加至一百菲元。

(四)華商於註冊後五年內須重行註冊一次，否則取締商人資格，降爲工人待遇。

(二)北美洲　北美合衆國，於加利福尼亞省墾殖需要中國勞工時，曾與中國政府訂立『爲現在兩國人民互相來往，或遊歷，或貿易，或久居，得自由享其利益』〔註四一〕之蒲安臣條約，鼓勵中國人民移美。但自經沙地黨人以『黃禍』爲辭，提議排華以後，美國政府於一八八二年五月八日，頒佈限制華工律十五款〔註四二〕一八八四年改增十七款。一八九二年，又頒佈排禁中國移民律。翌年之禁令更嚴。〔註四三〕迨至一九二四年，復增訂新移民律。一九三〇年，頒有中國移民條例。一九三二年，頒有第八七六號法令等〔註四四〕。總納言之，中國移民，不獨禁絕進口，而早經移美者種族膚色畛域之歧視甚深。一切勞動者，如礦工，漁夫，小販，行商，洗衣等業之移民，均作工人論。凡商人需具有一定點，用本人名義買賣貨物之條件。若華商離美後返美者，須得美人二名證明其離美時，確在一年以下者，始得入境。禁令之繁，執行之苛孰甚。例如商人犯罪入獄，除罰作苦役外，於出獄之後，視若工人，驅逐出境。至商人學者，亦常被留難，或被拒入境，甚至外交官吏，亦屢有發生被侮辱之事。至一九四〇年十月，羅斯福總統以往日所訂限制華人移民法案爲『歷史之錯誤』〔註四五〕咨文國會，提請取消，並予平等待遇，經十月二十日通過提參議會通過。〔註四六〕從此歷史錯誤略予糾正。

加拿大最初一若美國之歡迎中國移民入境。至一八八六年，加政府開始征收中國移民稅，每名五十元，並限輪船每五十噸，祇得載中國移民一人入境。一九〇一年登岸稅增加至一百元。一九〇四年，又增至五百元。一九一一年定新律。一九一四年實施禁止勞工入卑詩省令，及禁止華人入境條例。〔註四七〕一九二三年更頒加拿大新移民律〔註四八〕自此除外交官商人學生，及土生移民外，幾禁絕中國移民入境矣。凡已在加之華人，一律須舉行登記註冊手續。相違者，處五百元以下之罰金，十個月以下之監禁。入口輪船，每載重二百五十噸，祇許載中國移民一人入境。凡以不合法手續入境之華人，處十二個月以下之監禁，或一千元以下之罰金，再解遞回國。總之中國移民處其移民律束縛下之被禁止進口，或出境者則達十五種之多。他如人頭稅之繳納，乘坐舟車之限制，以及各種嚴重之處罰等，更不一而足。

(三)中南美洲　中南美洲各國往昔歡迎中國移民入境。自二十世紀初年起，對中國移民，多採關門主義。最近隨美國取消限制華人移民法案後，亦有若干國家與中國政府另訂新約，予中國移民以平等待遇，或自行提請國會取消以往既訂之各種苛例。以往各國取締中國移民之情形，如巴拿馬於一九二三年開始限制華人以後，〔註四九〕於一九三五年頒佈第十九號法律〔註五〇〕再於一九四一年一月二日，頒佈憲法，及同年三月頒佈新工商律，七月又頒新勞工條例〔註五一〕等，統使中國移民原有之一切權利剝奪無遺。同時，巴政府又將中國移民列入被禁人種範圍之內。職業上既被嚴格限制，不得活動，且財產因其新令施行悉被沒收，損失之鉅不可數計。

墨西哥於一九二〇年間，〔註五二〕順臘省通過排斥華僑條例以後，一九三〇年，又組有排華總會，實施所謂九十駁百工例。〔註五三〕一九三一年又重訂新例。〔註五四〕除禁中國移民與墨民通婚，劃定華人居住區域外，並對遊歷者出入境移民等假道辦法，詳密規定，苛刻異常。如出入境須備足以維持生活之款項。傭工應由傭主繳納保證金，在六個月以內註冊。對已久居之移民，須一律證明其合法入境之註冊，或於一九三六年五月以前已來墨者，並征收移民稅。其罰金則自五十元起至一千元止。並須驅逐出境。又如加稅衛生，同化等苛酷條件，亦多載在明文。

古巴之開發，得力於中國移民甚大。然自經一九〇二年，古巴軍政府公佈〔註五五〕第一五五號命令以後，除在一八九九年四月十四日以前入境之華工商人，仍得繼續居留外，商人入境者須具千元之保證金。華工則被擯斥矣。一九三二年又公佈條例，限令外僑一律註冊。〔註五六〕最近中古友好通商條約訂立，始規定二國人民，得享平等自由來往之權利。〔註五七〕

尼加拉加於一九三〇年新移民律〔註五八〕公佈之後，已將中國移民列入被禁入口人種中。其間雖亦仍可獲入境之許可，但不能超過六個月以上之居留期間，且須貯美金一千元之担保，違則罰款一百元，又驅逐出境。危地拉於一八九六年禁止華人入境以後，又於一九三〇年頒佈華人與黑人同等待遇之移民律〔註五九〕一九三二年更頒佈取締黃種或蒙古人條例，〔註六〇〕其迫令中國移民補行註冊，備極繁難外，且註冊證須繳罰金一百五十美元，而不准另設新商號。多民尼加於一九三二年，頒佈移民條例後，〔註六一〕不論已曾居該國多年，或初祇該國之中國移民入境，一律須繳入口稅三百美元，且將每人每年居留稅，增至一百美元，倘有違例入境，或川資不足者，則遣往深林荒僻之區，強迫墾殖勞役二年，期滿之後，解送出境。其他中美洲諸國，對於中國人民入口，亦均有禁止之條例。惟取消限制移民法案之風，已繼美國之後日漸披靡，中國移民在中美各國，得平等待遇，已獲曙光。

南美各國，如厄瓜多，於一八九九年十月，國會曾公佈法令，禁止中國移民，〔註六二〕其後又嚴行移民，依法登記。否則，統予驅逐出境。智利政府亦規定每年祇准中國移民三十六人入境，每次由香港駛往之輪船，祇限載中國移民十人，〔註六三〕且須繳納保證金一百八十美元。祕魯於一九三二年，時曾修正註冊條例。一九四一年，忽又禁止中國移民前往經商，旋又施行新辦法，對於初入境之中國移民，須受：『八十駁百』之保工條例之限制。

（四）澳洲　澳洲原為英人之『海外監獄』，〔註六四〕然其採行白澳政策，〔註六五〕限制中國移民入境甚嚴。其排華之風，始於一八五五年域省限制華工入境之創議。一八七五年，澳洲政府援域省之例，亦開始實行。一八六一年一月，因有朗平佛蘭（Lambing Flat）之變，政府遂通過移民案，嚴加限制。一八八六年，西澳亦頒限制條例，一八八八年四月，又發生排華運動。一八九七年，各邦因殖民大臣張伯倫（Joseph Chamberlain）對南非納塔爾律（Nalal law）之介紹，紛紛採行。其後，或限制條例有統一之必要，於一九〇一年至一九二五年間，又先後加以修正，頒佈移民條例〔註六六〕規定凡中國移民入境須經方言五十字之考試手續及格者方准進口得居留權。以後既須繳納人頭稅，復不准攜帶妻子入境。又其總督隨時可任意禁止某國某種某類某項職業之外人移入其境。至種族畛域之深，尤以對中國移民爲甚。紐絲蘭於一八八一年，頒佈移民律之後，將限制中國移民入境辦法，改爲給證入境，其中經一八九七年一九〇八年一九一六年一九一七年限制辦法之多次修正，至一九二六年，紐政府突又決議停發中國移民入境證〔註六七〕自此中國移民除具有特殊之條件者外，其餘祇能取得暫時居留權利而已，無永久居留權也。薩摩羣島凡中國移民在西薩摩島者，須在華工章程嚴酷規定之下，凡華工不能工作者，暫以無業遊民論照例予以懲罰。每日工金祇三先零而工作時間每日爲九小時半，星期日及例假日不給工資每年休假時間僅十日而已。在僱工三年期滿之後，另任新工作者，須先得所謂華工委員會之許可，事假每月不得超過一日，且須先經許可，並報明所往地點及行動。此種殘酷待遇，實爲今日世界各勞工市場所不多見！再凡華工抵薩船費分三年扣除完畢以後仍應繼續扣除，名曰「華工人頭稅」。華工與土婦雖可同居，但不准結婚。其所生子，語曰『天下子』以土人論〔註六八〕

（五）非洲　南非洲於一八八五年起，規定移民須註冊納稅，以示限制。一八九七年，納塔爾又通過移民新律，規定凡亞洲移民居住經商，指定區域，不得置不動產，不得與白人用同郵局，電車火車更不得在人行道行走，不得經營礦業，每夜至九時後，不得在街道行走。好望角於一九〇四年通過禁止華人入境新律，禁絕男子入境，已入境者，舉行登記。南非聯邦自一九一三年起，禁止亞洲人民入境。至一九二〇年，又有所謂遣送亞洲人運動。

其政府委員會，雖未承認強制押送，或隔離，但對於亞洲人自動離境及隔離，則實行獎勵。〔註六九〕其後在一九三〇年，又訂有杜省亞洲移民地業修正條例。一九三七年，復訂有杜省亞洲人賃居律。在上項律例內規定有色人種，不得有公家宣佈開採之礦地，亞洲人民均無不動產所有權。他如居住，經商，行旅，教育等與白人亦多歧視苛刻之規定。〔註七〇〕

（六）歐洲　歐洲各國對中國移民之種族畛域，雖不若亞、美、澳、非各洲國家之深，在法律上，對中國移民亦無特殊取締之苛例，但義大利法西斯政府於一九二七年時，曾下令驅逐中國移民〔註七一〕。蘇聯亦於一九三〇年，德國於一九二九年，驅逐中國移民出境〔註七二〕。法國政府於一九三一年至三二年，以內政部名義下令取締中國小販，並限制華工入法工廠工作〔註七三〕。

慘案，豬仔，取締，不幸事件，在中國海外移民史上發生，實為中國移民之大不幸，亦為人類之大不幸。此種錯誤之責任，不能由任何國政府與人民負責，似為人類歷史發展之錯誤。深望從今以後，各國賢達之士，通力合作，當能扭轉以往人類歷史之錯誤，共同創造光明之移民歷史之新頁，實現『人類有自由移居之天賦權利！』

〔註一〕見南洋年鑑。〔註二〕見僑務委員會戰後華僑復員會議報告書。〔註三〕見南洋年鑑。〔註四〕見註二同資料。〔註五〕見註二同資料。〔註六〕見註二同資料。〔註七〕見史威德漢：英屬馬來亞二三一—二三三頁。〔註八〕見南洋年鑑。〔註九〕一九二八年時，尚規定每月進口人數為五千人，嗣減至二千五百人。一九三一年六月起，減至此數，但婦孺不在此限。〔註一〇〕見中國國民黨中央組織部一九三一年檔案：駐星洲總支部黨務報告。〔註一一〕見中央海外黨務委員會，海外月刊社出版：海外月刊及華僑半月刊社出版：華僑半月刊。〔註一二〕僑務委員會副委員長周啓剛口述。〔註一三〕一七四〇年時，荷政府將以往對待中國移民之特權，一律取消。〔註一四〕見前二豬仔。〔註一五〕見南洋年鑑。〔註一六〕見南洋年鑑。〔註一七〕見邱守愚著二十世紀之南洋。〔註一八〕見南洋年鑑。〔註一九〕見邱守愚著二十世紀之南洋。〔註二〇〕見僑務委員會戰後華僑復員會議報告。〔註二一〕見中國國民黨中央組織部檔案駐荷印總支部黨務報告。〔註二二〕見僑務委員會戰後華僑復員會議報告。〔註二三〕見南洋年鑑。〔註二四〕見僑務委員會戰後華僑復員會議報告。〔註二五〕見南京華僑半月刊社出版之華僑半月刊。〔註二六〕見孫中山先生三民主義民族主義第四講。〔註二七〕見海外月刊。〔註二八〕見南洋年鑑。〔註二九〕見邱守愚著二十世紀之南洋。〔註三〇〕見南洋年鑑。〔註三一〕見僑務委員會戰後華僑復員會議報告。〔註三二〕見中暹文化互通社印行之泰國佛曆二四七九年外人登記條例。〔註三三〕見中暹文化互通社印行之暹羅佛曆二四八〇年，外人入境條例譯文。〔註三四〕見中國外交部亞東司民國三十一年六月三十日編印參考資料第四十二號。〔註三五〕見中國外交部亞東司民國三十一年八月三十一日編印參考資料第四十五號，泰國排華法令彙編（下）。〔註三六〕見本篇一慘案。〔註三七〕見邱守愚著二十世紀之南洋。〔註三八〕見南洋年鑑。〔註三九〕見僑務委員會戰後華僑復員會議報告。〔註四〇〕見南洋年鑑。〔註四一〕見上海商務印書館出版中外條約彙編。〔註四二〕見福建省政府委員黃天爵氏在中央訓練團黨政高級訓練班畢業論文改進僑務的意見。〔註四三〕見同前註資料。〔註四四〕見南京海外月刊，及華僑半月刊，及華僑誌。〔註四五〕見民國三十二年十月十二日重慶各報。〔註四六〕見民國三十二年十月二十二日重慶各報。〔註四七〕見僑務委員會戰後華僑復員會議報告。〔註四八〕見中國國民黨中央組織部檔案駐加拿大總支部報告書。〔註四九〕在一九二三年禁例規定凡來巴華人經准許後須納入口稅美金三百元，惟業農者祇納五十元，凡一九二二年以前來巴者無論久居或過往，如欲繼續居留須由中國外交官代為轉請註册發給執照，每張須貼印花十美元。暫時回國者亦須領回國護照，始得重來。但如過三年，則每年征收入口稅一百美元。〔註五〇〕見中國國民黨中央組織部檔案駐巴拿馬支部報告。〔註五一〕見僑務委員會戰後華僑復員會議報告。〔註五二〕經中國政府抗議後，未付實施。〔註五三〕見美洲中文民氣日報。〔註五四〕見中國國民黨中央組織部檔案：駐墨西哥總支部報告。〔註五五〕見僑務委員會戰後華僑復員會議報告。〔註五六〕見中國國民黨中央組織部檔案：駐古巴總支部黨務報告。〔註五七〕見民國三十三年一月，重慶各報。〔註五八〕見南京海外月刊。〔註五九〕見僑務委員會戰後華僑復員會議報告。〔註六〇〕見前註同資料。〔註六一〕見僑務委員會戰後華僑復員會議報告。〔註六二〕註一資料內謂『十人』，而李長傅著中國殖民史謂『六人』，應照政府文書列爲十人。〔註六三〕見註一同資料。〔註六四〕一七七〇年庫克船長(Cap. Jannes Cook)航抵植樹灣(Batory Bay)發現澳洲東部，以其地艸木豐盛，禽獸繁夥，以英王名義佔領，一向視爲『海外監獄』〔註六五〕一八五五年，域省已通過限制華工入境條例。一八八八年，又決定白澳政策。〔註六六〕見僑務委員會戰後華僑復員會議報告。〔註六七〕見註三同資料。〔註六八〕見註三同資料。〔註六九〕據出席中國國民黨第五屆全國代表大會駐南非洲總支部代表，葉汎口述。〔註七〇〕同註一。〔註七一〕見陳里特著：歐洲華僑生活。〔註七二〕見註一同資料。〔註七三〕見註一同資料。

（終）